JN028395

★ 社会

★ 国語 ※国語は後ろ側から始まります。

この本の特長と使い方

★ この本の特長

暗記に最も適した時間「寝る前」で，効率よく暗記！

この本は，「寝る前の暗記が記憶の定着をうながす」というメソッドをもとにして，中2の5教科の重要なところだけを集めた参考書です。

暗記に最適な時間を上手に活用して，中2の重要ポイントを効率よくおぼえましょう。

★ この本の使い方

この本は，1項目2ページの構成になっていて，5分間で手軽に読めるようにまとめてあります。赤フィルターを使って，赤文字の要点をチェックしてみましょう。

① 1ページ目の「今夜おぼえること」（英語では「今夜のお話」）では，その項目の重要ポイントを，ゴロ合わせや図解でわかりやすくまとめてあります。

② 2ページ目の「今夜のおさらい」では，1ページ目の内容をやさしい文章でくわしく説明しています。読み終えたら，「寝る前にもう一度」で重要ポイントをもう一度確認しましょう。

★ 今夜のお話

英語

Jun : **What are you going to do tomorrow,**
ジュン　明日は何をする予定，トム？

Tom?

Tom : **Nothing special. Why?**
トム　特に何もないよ。　　　　　　どうして？

Jun : ✪ **We're going to play tennis at the**
ぼくたちは公園でテニスをする予定なんだ。

park. Will you join us?
仲間に入らない？

Tom : **Oh, thanks. Yes, I will.**
わぁ，ありがとう。　　　うん，行くよ。

Jun : **Good.** 🌙 **I'll call you tonight.**
よかった。　　　今夜，電話するね。

Tom : **OK.**
わかった。

⭐ be going to は、「～する予定だ」、「～するつもりだ」という意味で未来の予定を表します。be going to の be は主語に合わせて, **am, is, are** を使い分けます。

例 He is going to visit Kyoto tomorrow.

（彼は明日，京都を訪れる予定です。）

> be going to のあとの動詞はいつも原形だよ！

🌙 「～します」という未来のことは will を使って表すこともできます。疑問文は **Will** で文を始めます。

例 Will you study after school?
－ Yes, I will.

> I'll は I will の短縮形だよ。

（放課後勉強しますか。－はい。）

※**Will you ～?**は未来の疑問文のほかに、「～しませんか」と誘うときや，「～してくれませんか」と頼むときにも使えます。

例 Will you help me?

（手伝ってくれませんか。）

💤 寝る前にもう一度

⭐ We're going to play tennis at the park.

🌙 I'll call you tonight.

6

★ 今夜のお話

Mom:
ママ

Uncle Chris is going to visit us
今週末にクリスおじさんが家に来るわよ。

this weekend. Are you going to
家にいる予定なの？

be at home?

Sarah:
サラ

☆ **I have to study for a science**
サキと理科のテストの勉強をしなきゃいけないの。

test with Saki. Do I have
家にいなきゃいけない？

to stay home?

Mom:

No, you don't have to, but
その必要はないわ。　　　　　　　　　　でも.

we're going to have dinner together.
みんなでいっしょに夕食を食べるわよ。

☽ **You must be back by seven.**
7時までには帰って来なければならないわよ。

Sarah: **OK, I will.**
わかった，そうする。

🌙 〈 have to +動詞の原形〉は「～しなければならない」という義務の意味を表します。主語が3人称単数のときは has to にします。否定文は「～する必要はない」という意味です。

例 **He doesn't have to clean his room.**

（彼は部屋をそうじする必要はありません。）

> to のあとの動詞はいつも原形になるから注意してね。

🌙 〈 must +動詞の原形〉も「～しなければならない」という意味を表します。否定文の must not ～は「～してはいけない」という禁止の意味を表します。

例 **You must   not open this box.**

（あなたはこの箱を開けてはいけません。）

> don't have to ～（不必要）と
> must not ～（禁止）の意味の違いがポイント！

😴 寝る前にもう一度

🌙 I have to study for a science test with Saki.
🌙 You must be back by seven.

★ 今夜のお話

Ms. Oka : **I'm going to see a movie with**
岡先生　　　私は明日，テニス部の部員たちと映画を見る予定です。

members of the tennis team tomorrow.

🌟 **Would you like to join us, Tom?**
　　　　私たちの仲間に入りませんか，トム？

Tom : **I'd love to, Ms. Oka. But I have**
トム　　　ぜひ行きたいです，岡先生。　　　　　でも，まず母に聞かないと

to ask my mother first.
いけません。

Ms. Oka : **All right.**
　　　　わかりました。

🌙 **Could you call me this evening?**
　　今晩，私に電話してもらえませんか？

9

🌑 **Would** you like to ～? は「～したいですか」「～しませんか」と相手を誘う表現です。相手を誘う表現には，ほかに次のようなものがあります。

例 **Shall we** play tennis?
（テニスをしましょうか。）

Why don't we play tennis?
（テニスをしませんか。）

How about playing tennis?
（テニスをするのはどうですか。）

🌙 **Could you** ～? は「～していただけますか」という意味で，**Can you** ～? よりもていねいに頼むときの表現です。

○ **Could you** ～? への応答
・ Sure. / All right. / Yes, of course. （いいよ。）
・ Sorry, I can't. （すみません，できません。）

友達には，Can you ～? でいいけど，先生や見知らぬ人には Could you ～? を使おうね。

💤 寝る前にもう一度

🌑 Would you like to join us, Tom?

🌙 Could you call me this evening?

★ 今夜のお話

My uncle likes taking pictures.

私のおじは写真を撮るのが好きです。

He visits a lot of places around Japan

彼は写真を撮るために日本中のたくさんの場所を訪れます。

to take pictures.

Last summer, he went to Hokkaido.

この前の夏, 彼は北海道に行きました。

He enjoyed walking around and taking

そこで歩き回ったり, たくさん写真を撮ったりして楽しみました。

a lot of pictures there. He wanted to

彼は私たちにそこの美しい自然の写真を

show some pictures of the beautiful

見せたがっていました。

nature there to us. I want to see them.

私はそれらを見たいです。

11

❤ ⭐ like ～ing は 「～するのが好き」 という意味
です。 この ～ing は動名詞といい, 「～すること」
という意味を表します。

> - **enjoy** ～ing　～するのを楽しむ
> - **finish** ～ing　～し終わる
> - **stop** ～ing　～するのをやめる
> - **start** / **begin** ～ing　～し始める

うしろに動名
詞が続く動詞
をチェック!

🌙 〈to + 動詞の原形〉も 「～すること」 という
意味を表します。 want to ～は 「～したい」
という意味です。

> - **hope** to ～　～することを望む
> - **decide** to ～　～することに決める
> - **start** / **begin** to ～　～し始める
> - **like** to ～　～するのが好き

〈to + 動詞の
原形〉は, want
のほかにも左
のような動詞
と使われるよ。

💤 寝る前にもう一度……………

❤ My uncle likes taking pictures.

🌙 I want to see them.

12

英語

★ 今夜のお話

Jun: I'm going to go on a picnic with my

ジュン　土曜日にいとことピクニックに行くんだ。

cousin on Saturday.

Sarah: That sounds nice, but

サラ　それは楽しそうね,　　　　　でも

🌟 I hear it'll be rainy this weekend.

週末は雨だそうよ。

Jun: Oh, really? My cousin is really

え，本当？　　　　いとこがすごく楽しみにしているんだけどな。

looking forward to it.

Sarah: 🌙 What are you going to do if

もし雨だったら何をするの？

it is rainy?

Jun: I don't know.

わからないよ。

Do you have any good ideas?

何か良い考えはある？

13

❀ 接続詞の**that**は，あとに文を続けます。**I** **hear** **that** 〜. は「私は〜だと聞いています」「〜だろうです」という意味です。

○接続詞**that**とよく使われる動詞

・ <u>think</u> 〜と思う　　・ <u>know</u> 〜と知っている

・ <u>hope</u> 〜と願う　　・ <u>say</u> 〜と言う

例 **Do you think** **that** **he likes music?**

（彼は音楽が好きだとあなたは思いますか。）

「〜と（いうこと）」という意味の that はよく省略されるけど，省略しても意味は変わらないよ。

☽ 接続詞の **if** は「もし〜なら」という意味です。ほかにも「〜するとき」という意味を表す接続詞の **when** もよく使われます。

例 **I'll go out** **when** **he comes back.**

（彼が戻ってきたら，私は出かけます。）

if や when に続く文は，未来のことでも現在形にすることに注意！

💤 寝る前にもう一度

❀ I hear (that) it'll be rainy this weekend.

☽ What are you going to do if it is rainy?

★ 今夜のお話

英語

Jun: ☆ **There is a library near our**
ジュン　ぼくたちの学校の近くに図書館があるよ。

school.

Sarah: ☽ **Are there any English books?**
サラ　英語の本はある？

Jun: **Yes, there are.　There are some**
うん、あるよ。　　　　　　日本文化についての英語の本が何冊か

English books about Japanese
あるよ。

culture.　They also have CDs and
CDやマンガもあるよ。

comic books, too.

Sarah: **That's great.**
すごい。

I'd like to go there.
そこに行きたいな。

15

❀ There is ~. や There are ~. は「〜が
ある」という意味です。There is / are のあと
の名詞が単数か複数かに合わせて, is と are を
使い分けます。

過去の文では,
There was /
were ~. と
なるよ。

例 There was a tall tree
in front of my house.

(私の家の前に高い木がありました。)

❍ There is / are ~. の疑問文は, be 動詞で
文を始めます。否定文は be 動詞のあとに not を
入れます。

疑問文の答え
の文でも,
there を使う
んだよ。

例 There weren't any
boys in this room.

(この部屋には男の子が1人もいませんでした。)

💤 寝る前にもう一度

❀ There is a library near our school.
❍ Are there any English books? – Yes, there are.

★ 今夜のお話

Tom : Hi, Saki. ✹ You look happy.
トム　　やあ, サキ。　　　　うれしそうだね。

What's up?
どうしたの？

Saki : Hi, Tom. ☾ My father gave me
サキ　　こんにちは, トム。　　お父さんが誕生日にスマホをくれたの。

a smartphone for my birthday.

Tom : That's great.
すごい。

Can you show it to me?
それを見せてくれる？

Saki : Sure. Here you are.
いいわよ。　　　はい, どうぞ。

Tom : It's nice. Can you
すてきだね。　　　それで写真は撮れるの？

take pictures with it?

Saki : Yes, I can.
うん, 撮れるよ。

17

❄ look はすぐあとに形容詞がくると，「～に見える」という意味になります。

○ ＜look＋形容詞＞ と同じ形になる動詞
- become　～になる
- get　～になる
- feel　～に感じる
- sound　～に聞こえる

becomeはあとに名詞がくることもあります。

例 **My brother became a doctor.**
　（私の兄[弟]は医者になりました。）

☾ give A B の形で「AにBを与える」という意味を表します。showも同じ形で使うことができ，show A B で「AにBを見せる」という意味です。Bの「もの」に当たるのがitなどの代名詞のときは，〈give [show] it to 人〉の形になります。

例 **My father gave it to me.**
　（父は私にそれをくれました。）

give や show のあとは①「人」→②「もの」という語順になるのがポイント！

❄ You look happy.

☾ My father gave me a smartphone for my birthday.

英語

★ 今夜のお話

Tom : That mountain is very high.
トム　　あの山はとても高いね。

⭐ Is it higher than Mt. Fuji?
富士山より高いかな？

Saki : No, it isn't. 🌙 Mt. Fuji is the
サキ　　いいえ。　　　　　　富士山は日本でいちばん高い山なのよ。

highest mountain in Japan.

It is also the most famous.
富士山はいちばん有名でもあるよ。

Tom : I want to see Mt. Fuji.
富士山を見てみたいな。

Saki : You can see it from the Shinkansen
来月，京都に行くときに，新幹線から見ることができるよ。

when you go to Kyoto next month.

✿ 〈比較級 + than …〉は 2 つのものを比べて「…より〜」という意味を表します。比較級は形容詞や副詞の語尾に er をつけて作りますが,前に more を置く語もあります。

例 **This book is more interesting than that one.**

(この本はあの本よりもおもしろい。)

❍ 〈the + 最上級 + in / of …〉は 3 つ以上のものを比べて「…の中でいちばん〜」という意味を表します。最上級は形容詞や副詞の語尾に est をつけて作りますが,前に most を置く語もあります。

例 **This book is the most interesting of the three.**

(この本は 3 冊の中でいちばんおもしろい。)

in 場所,
of 複数のもの・人

○ **more, most を前に置く形容詞**

- **beautiful** 美しい
- **difficult** 難しい
- **famous** 有名な
- **important** 大切な

💤 寝る前にもう一度

✿ Is it higher than Mt. Fuji?

❍ Mt. Fuji is the highest mountain in Japan.

★ 今夜のお話

Jun: Soccer is as popular as baseball
ジュン　　日本では，サッカーは野球と同じくらい人気があるんだ。

in Japan. Which do you like better,
きみはサッカーと野球では，どちらのほうが好き？

soccer or baseball?

Tom: I like baseball better than
トム　　サッカーより野球のほうが好きだよ。

soccer, but I like basketball the
でも，すべてのスポーツの中でバスケットボールがいちばん好

best of all sports. How about you?
きだな。　　　　　　　　　　きみはどう？

Jun: I like soccer the best.
ぼくはサッカーがいちばん好き。

I think it's the most exciting
すべてのスポーツの中でサッカーがいちばんわくわくすると思うよ。

of all sports.

英語

🌀 〈 as ～ as …〉は2つのものを比べて「…と 同じくらい ～」という意味を表します。as と as の間の形容詞や副詞は, er や est がつかない形 です。否定文の〈not as ～ as …〉は「…ほど ～でない」という意味を表します。

例 **This book is not as interesting as that one.**
(この本はあの本ほどおもしろくありません。)

「…と同じくらい～でない」という意味
ではないから注意してね。

🌙 like A better than B は「BよりAが好き」 という意味を, like A the best of / in ～は「～ の中でAがいちばん好き」という意味を表します。

What ○○ do you like the best?(あなたは何
の○○がいちばん好きですか。)の○○に, sport
(スポーツ), color (色) などを入れるといろいろ
なことがたずねられるよ。

💤 寝る前にもう一度

🌀 Soccer is as popular as baseball in Japan.
🌙 I like baseball better than soccer.

英語

★ 今夜のお話

Tom: ⚫ I am impressed by this picture.
トム　　　ぼくはこの絵に感動しているよ。

Do you know this?
これ知ってる?

Saki: Yes, it's actually my favorite.
サキ　　ええ,実はそれが私のお気に入りよ。

🌙 It was painted by Picasso.
それはピカソによって描かれたの。

It's called "the Weeping Woman."
「泣く女」と呼ばれているわ。

Tom: ⚫ When was it painted?
それはいつ描かれたの?

Saki: In 1937. He painted a lot of
1937年よ。　　　　　彼はこのような絵をたくさん描いたの。

pictures like this.

✿ 「〜される」という受け身の文は〈be動詞＋ 過去分詞 〉の形で表します。否定文はbe動詞のあとに not を入れます。

例 I'm not invited to the party.
(私はパーティーに招待されていません。)

be動詞は主語に合わせて, am, is, are を使い分けるよ。

☽ 過去の受け身の文は〈 was / were ＋過去分詞〉の形で表します。

例 This book was written by Natsume Soseki.
(この本は夏目漱石によって書かれました。)

過去分詞は動詞が変化した形。不規則に変化するものもあるから1つ1つ覚えよう！

✿ 受け身の疑問文は be動詞 を主語の前に出します。

例 Was this house built 100 years ago?
(この家は100年前に建てられたのですか。)

💤 寝る前にもう一度

✿ I am impressed by this picture.
☽ It was painted by Picasso.
✿ When was it painted? - In 1937.

英語

★ 今夜のお話

Sarah : Hi, Saki. How long have you been in the library?

サラ　こんにちは，サキ。　　　いつから図書館にいるの？

Saki : Hi, Sarah. I've been here since 9 a.m.

サキ　こんにちは，サラ。　朝の9時からずっとここにいるよ。

　　　　I've just finished my homework.

ちょうど宿題が終わったところよ。

Sarah : Great! By the way, have you ever seen this movie?

すばらしい！　ところで，　　　あなたは今までに

この映画を見たことがある？

Saki : No, but I've wanted to see it.

ないわ，でも見たいと思っているのよ。

Sarah : Why don't we see it tomorrow?

明日見るのはどう？

Saki : Sure!

いいわね！

25

🌙 〈have / has+過去分詞〉は、「(ずっと)〜している」
という継続を表す言い方になります。

例 I have (lived) in this house
(for) ten years.

（私は10年間この家に住んでいます。）

since 〜
は「〜以来」
という意味
だよ。

🌙 〈have / has+過去分詞〉は、「〜したところだ」
「〜してしまった」という完了を表す言い方にもな
ります。already（もう）などの語をよく使います。

例 (Have) you finished lunch (yet)?

（あなたはもう昼食を食べ終えましたか。）

🌙 〈have / has+過去分詞〉は、「〜したことがある」
という経験を表す言い方にもなります。

例 I've (never) (seen) this movie.

（私はこの映画を1度も見たことがありません。）

「1度」なら once、「2度」
なら twice と言うよ。

💤 寝る前にもう一度

🌙 How long have you been in the library?

🌙 I've just finished my homework.

🌙 Have you ever seen this movie?

26

★今夜おぼえること

✿単項式の加法・減法は，同類項をまとめる。

例 $7x - 5y - 3x + 6y$

$= 7x - 3x - 5y + 6y$ ← 項を並べかえて同類項を集める

$= (7-3)x + (-5+6)y$ ← 同類項をまとめる

$= 4x + y$

🌙多項式の加法・減法では，+( )はそのまま，-( )はかっこ内の各項の符号を変えてかっこをはずす。

例 $2a + (3a - 4b) = 2a + 3a - 4b$ ← そのままかっこをはずす

$= 5a - 4b$

$4x - (3x - 5y) = 4x - 3x + 5y$ ← 各項の符号を変えてかっこをはずす

$= x + 5y$

数学

27

😺 文字の部分が同じである項を同類項といいます。単項式の加法・減法は、$\boxed{同類項}$ をまとめるのが基本です。係数どうしを計算して、共通の $\boxed{文字}$ をつけます。

例 $x^2 + 4x - 6x + 5x^2$

$= x^2 \boxed{+ 5x^2} + 4x \boxed{- 6x}$ ← 項を並べかえて同類項を集める

$= (1 \boxed{+ 5})x^2 + (4 \boxed{- 6})x$ ← 同類項をまとめる

$= \boxed{6x^2 - 2x}$

かけ合わされた文字の個数を次数というよ。
x^2 の次数は 2、x の次数は 1 だね。
次数がちがえば同類項ではないから注意!

🌙 多項式の加法・減法では、+( )は $\boxed{そのまま}$、−( )はかっこ内の各項の $\boxed{符号}$ を変えてかっこをはずしてから計算します。

例 $(4x + 2y) - (2x + 7y)$

$= 4x + 2y \boxed{- 2x - 7y}$ ← 各項の符号を変えてかっこをはずす

$= \boxed{2x - 5y}$ ← 同類項をまとめる

💤 寝る前にもう一度

😺 単項式の加法・減法は、同類項をまとめる。

🌙 多項式の加法・減法では、+( )はそのまま、−( )はかっこ内の各項の符号を変えてかっこをはずす。

★ 今夜おぼえること

☆☆ (数)×(多項式)は，数を多項式のすべての項にかける。(多項式)÷(数)は，わる数の逆数をかける。

例　$2(4x + 3y) = 2 \times 4x + 2 \times 3y = 8x + 6y$
分配法則を利用

$(6a - 8b) \div 2 = (6a - 8b) \times \dfrac{1}{2} = 6a \times \dfrac{1}{2} - 8b \times \dfrac{1}{2}$
$= 3a - 4b$

逆数をかける

☽ 単項式の乗法は，係数の積に文字の積をかけ，除法は，逆数をかける形になおす。

例　$-8xy \div 2x = -8xy \times \dfrac{1}{2x} = -\dfrac{8xy}{2x} = -4y$

逆数をかける　　　分数の形にして約分

数学

29

✿ (数)×(多項式) は，分配法則 を使って，数を多項式のすべての 項 にかけます。

(多項式)÷(数) は，わる数の 逆数 をかけて計算します。

例 $5(3a - 4b) = 5 \times \boxed{3a} + 5 \times (\boxed{-4b})$ ← 5をかっこ内の各項にかける

$= \boxed{15a - 20b}$

$(4x + 6y) \div \dfrac{2}{3} = (4x + 6y) \times \boxed{\dfrac{3}{2}} = 4x \times \boxed{\dfrac{3}{2}} + 6y \times \boxed{\dfrac{3}{2}}$

逆数をかける $= \boxed{6x + 9y}$

☾ 単項式の乗法は，係数の 積 に文字の 積 をかけます。単項式の除法は，逆数 をかける形になおして計算します。

例 $5a \times (-3b) = \underline{5 \times (\boxed{-3})} \times \underline{a \times \boxed{b}} = \boxed{-15ab}$

係数の積 ↗　　　↖ 文字の積

$\dfrac{4}{3}xy \div \dfrac{2}{9}y = \dfrac{4xy}{3} \div \dfrac{2y}{9} = \dfrac{4xy}{3} \times \boxed{\dfrac{9}{2y}} = \dfrac{\overset{2}{4xy} \times \overset{3}{\cancel{9}}}{\underset{1}{\cancel{3}} \times \underset{1}{2\cancel{y}}} = \boxed{6x}$

×逆数　　　　　約分

✿ (数)×(多項式) は，数を多項式のすべての項にかける。
(多項式)÷(数) は，わる数の逆数をかける。

☾ 単項式の乗法は，係数の積に文字の積をかけ，除法は，逆数をかける形になおす。

数学

★今夜おぼえること

✿加減法 ▶ 1つの文字の係数を そろえ、2つの式をたしたり ひいたりして、1つの文字を 消去する。

例
$$\begin{cases} 2x + y = 1 & \cdots① \\ 3x - y = 9 & \cdots② \end{cases} \Rightarrow \begin{array}{r} 2x + y = 1 \\ +)\ 3x - y = 9 \\ \hline \end{array}$$

①＋②で y を消去して、　$5x = 10$, $x = 2$

$x = 2$ を①に代入して、$2 \times 2 + y = 1$, $y = -3$

☽代入法 ▶ $x = \sim$ または $y = \sim$ の形 の式を他方の式に代入し、 1つの文字を消去する。

例
$$\begin{cases} y = x + 2 & \cdots① \\ 2x + y = 8 & \cdots② \end{cases}$$
①を②に代入して、
$2x + (x + 2) = 8$, $3x = 6$, $x = 2$

$x = 2$ を①に代入して、$y = 2 + 2$, $y = 4$

😺 連立方程式(れんりつほうていしき)を加減法で解くには，1 つの文字
の $\boxed{係数}$ をそろえ， 左辺どうし， 右辺どうしを
$\boxed{加減}$ して，1 つの文字を $\boxed{消去}$ します。

例
$$\begin{cases} x + 2y = 7 & \cdots① \\ 2x + 3y = 12 & \cdots② \end{cases}$$
⟹
$$\begin{array}{r} 2x + 4y = 14 \quad \cdots①×2 \\ -)\ 2x + 3y = 12 \quad \cdots② \\ \hline y = \boxed{2} \end{array}$$

①×2−②で $\boxed{x}$ を消去して， $y = \boxed{2}$

$y = \boxed{2}$ を①に代入して， $x + 2 × \boxed{2} = 7,\ x = \boxed{3}$

🌙 連立方程式を代入法で解くには，$x =$ 〜 また
は $y =$ 〜 の形の式を他方の式に $\boxed{代入}$ し，1 つの
文字を $\boxed{消去}$ します。

例
$$\begin{cases} y - x = 1 & \cdots① \\ 2x - y = 3 & \cdots② \end{cases}$$
①より，$y = \boxed{x + 1}$ …③
まず $y =$ 〜 の形に変形

③を②に代入して，$2x - \boxed{(x + 1)} = 3,\ x = \boxed{4}$

$x = \boxed{4}$ を③に代入して，$y = \boxed{4} + 1,\ y = \boxed{5}$

$x + 1$ を代入するときは，
かっこをつけようね。

💤 寝る前にもう一度

😺 加減法▶1 つの文字の係数をそろえ，2 つの式をたした
りひいたりして，1 つの文字を消去する。

🌙 代入法▶$x =$ 〜 または $y =$ 〜 の形の式を他方の式に代入
し，1 つの文字を消去する。

★今夜おぼえること

✸かっこがある連立方程式は、分配法則で、かっこをはずしてから解く。

例 $\begin{cases} x + 6y = 15 & \cdots① \\ 2(x - y) + 5y = 12 & \cdots② \end{cases}$

②のかっこをはずして整理すると、$2x + 3y = 12$ $\cdots③$

①，③を連立方程式として解くと、$x = 3$, $y = 2$

☾係数に小数・分数をふくむ場合は、両辺を何倍かして、係数を整数にしてから解く。

例 $\begin{cases} 0.2x + 0.5y = 0.9 & \cdots① \\ \dfrac{2}{3}x - \dfrac{1}{2}y = \dfrac{5}{6} & \cdots② \end{cases}$

①×10
②×6 より、$\begin{cases} 2x + 5y = 9 \\ 4x - 3y = 5 \end{cases}$

これを解くと、$x = 2$, $y = 1$

└分母の最小公倍数

数学

33

♥かっこがある連立方程式は，[分配法則]を利用して，[かっこ]をはずし，式を $ax + by = c$ の形に整理してから解きます。

例
$$\begin{cases} 3x - 2(x - y) = 7 & \cdots ① \\ 2(3x + y) - y = -2 & \cdots ② \end{cases}$$

かっこをはずして整理すると，

$$\begin{cases} \boxed{x + 2y} = 7 \\ \boxed{6x + y} = -2 \end{cases}$$

これを解くと，

$x = \boxed{-1}$，$y = \boxed{4}$

☾係数に小数をふくむ場合は両辺に10，100，…をかけ，係数に分数をふくむ場合は両辺に分母の[最小公倍数]をかけて，係数を[整数]にしてから解きます。

例
$$\begin{cases} 0.03x + 0.05y = 0.15 & \cdots ① \\ \dfrac{1}{10}x + \dfrac{1}{3}y = -1 & \cdots ② \end{cases}$$

①×[100]
②×[30]
より，

$$\begin{cases} \boxed{3x + 5y} = 15 \\ \boxed{3x + 10y} = -30 \end{cases}$$

これを解くと，

$x = \boxed{20}$，$y = \boxed{-9}$

•••😴寝る前にもう一度•••••
♥かっこがある連立方程式は，分配法則で，かっこをはずしてから解く。
☾係数に小数・分数をふくむ場合は，両辺を何倍かして，係数を整数にしてから解く。

★ 今夜おぼえること

😊 y が x の関数で，一般に次の式で表されるとき，y は x の 1 次関数であるという。

数学

$$y = \underline{ax} + \underline{b} \quad (a, b は定数, a \neq 0)$$

x に比例する部分 ┘ └ 定数の部分

例　次の式で，y は x の 1 次関数である。

比例も1次関数だよ。

$y = -2x + 3$ ← a = -2, b = 3 の場合

$y = 5x$ ← a = 5, b = 0 の場合

🌙 y = ax + b の変化の割合は一定で，x の係数 a に等しい。

$$変化の割合 = \frac{y の増加量}{x の増加量} = a$$

🌙 y が x の関数で、y が x の 1次式 で表される

とき、y は x の 1 次関数であるといいます。

1 次関数は、一般に次の式で表されます。

$$y = \boxed{ax} + b \quad (a,\ b\ は定数,\ a \neq 0)$$

x に比例する部分 ↗ ↖ 定数の部分

例 $2x - 3y = 3$ ⟹ 変形すると、$y = \boxed{\dfrac{2}{3}x - 1}$

$y = ax + b$ の形の式で表されるから、y は x の 1 次関数で

ある。

🌙 $y = ax + b$ の変化の割合は 一定 で、x の

係数 a に

等しいです。

$$変化の割合 = \frac{y\ の増加量}{x\ の増加量} = a$$

例 1 次関数 $y = 2x + 3$ で、x が 2 から 6 まで増加したときの

変化の割合は、$x = 2$ のとき $y = \boxed{7}$、$x = 6$ のとき $y = \boxed{15}$

だから、$\dfrac{\boxed{15 - 7}}{6 - 2} = \dfrac{\boxed{8}}{4} = \boxed{2}$ ← x の係数に等しい

💤 寝る前にもう一度

🌙 y が x の関数で、一般に次の式で表されるとき、y は x

の 1 次関数であるという。

$y = ax + b \quad (a,\ b\ は定数,\ a \neq 0)$

🌙 $y = ax + b$ の変化の割合は一定で、x の係数 a に等しい。

★ 今夜おぼえること

$y = ax + b$ のグラフは、$y = ax$ のグラフを、y 軸の正の方向に b だけ平行移動させた直線。

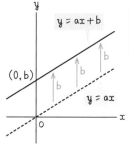

例　1次関数 $y = 2x + 3$ のグラフは、$y = 2x$ のグラフを y 軸の正の方向に 3 だけ平行移動させた直線である。

🌙 $y = ax + b$ のグラフは、傾きが a、切片が b の直線。

傾き ▶ x が 1 だけ増加したときの y の増加量
切片 ▶ グラフが y 軸と交わる点の y 座標

切片
$y = ax + b$
$(0, b)$
a
1
傾き

数学

37

😊 1 次関数 $y = ax + b$ のグラフは，$y = ax$ のグラフを，y 軸の正の方向に b だけ平行移動させた直線です。

例 $y = 3x - 2$ のグラフ ⇒ $y = 3x$ のグラフを y 軸の正の方向に -2 だけ平行移動 ⇒ いいかえると，$y = 3x$ のグラフを y 軸の負の方向に 2 だけ平行移動

🌙 1 次関数 $y = ax + b$ のグラフは，傾き が a，切片 が b の直線です。

傾きというのは，x が 1 だけ増加したときの y の増加量のことで，切片というのは，グラフが y 軸と交わる点の y 座標 のことです。

1 次関数の増減とグラフの関係は，次の図のようになります。

😴 寝る前にもう一度

😊 $y = ax + b$ のグラフは，$y = ax$ のグラフを，y 軸の正の方向に b だけ平行移動させた直線。

🌙 $y = ax + b$ のグラフは，傾きが a，切片が b の直線。

数学

★ 今夜おぼえること

✪ 2直線が交わっているとき、対頂角は等しい。

例　向かい合った角を対頂角とい
うから、右の図で、対頂角は、
∠a と∠c、∠b と∠d
　　よって、 ∠a＝∠c、∠b＝∠d

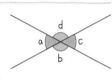

☽ 平行な2直線に1つの直線が交わるとき、同位角、錯角は等しい。

例　右の図で、ℓ//m ならば、
　　∠a＝∠c、∠b＝∠c
　　　└同位角　　└錯角

逆に、同位角や錯角が等しければ、
2直線は平行だよ。

39

✿ 2直線が交わってできる角のうち，向かい合った角を 対頂角 といいます。

対頂角は 等しい です。

例　右の図で，対頂角は等しいから，

∠a = 40° ，∠b = 60°

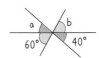

☽右の図で，∠aと∠eのような位置にある角を 同位角 ，∠bと∠hのような位置にある角を 錯角 といいます。

平行な2直線に1つの直線が交わるとき，同位角，錯角 は等しいです。

例　右の図で，ℓ∥mならば，

∠a = 50° ，∠b = 50°

　　└同位角　　└錯角

また，同位角や錯角が等しいとき，2直線は 平行 です。

💤 寝る前にもう一度

✿ 2直線が交わっているとき，対頂角は等しい。

☽ 平行な2直線に1つの直線が交わるとき，同位角，錯角 は等しい。

★今夜おぼえること

✺ n角形の内角(ないかく)の和は、180°×(n−2)。

多角形の外角(がいかく)の和は、360°。

例 三角形の内角の和は、
　　180°×(3−2) = 180°
　　六角形の内角の和は、
　　180°×(6−2) = 720°

外角→　　←外角
　　内角
　　←外角

例 正三角形の外角の和は360°だから、1つの外角の
　　大きさは、360°÷3 = 120°

🌙三角形の外角は、それととなり合わない2つの内角の和に等しい。

角の大きさを求めるときに、
よく使われるよ。

数学

41

✿ 三角形の内角の和は $\boxed{180°}$ ，n 角形の内角の和は，$\boxed{180°×(n-2)}$ です。

例　八角形の内角の和は，

$$\boxed{180°}×(8-\boxed{2})=180°×\boxed{6}=\boxed{1080°}$$

また，多角形の外角の和は，$\boxed{360°}$ です。

例　正十二角形の1つの外角の大きさは，

$$\boxed{360°}÷\boxed{12}=\boxed{30°}$$

└ 多角形の外角の和

正十二角形
の外角

☽ 三角形の外角は，それととなり合わない2つの $\boxed{内角}$ の和に等しいです。

例　右の図で，∠x＝∠A＋$\boxed{∠C}$

だから，

∠x＝80°＋$\boxed{60°}$

＝$\boxed{140°}$

A
80°
x
B
60°
C

また，0°より大きく $\boxed{90°}$ より小さい角を鋭角，$\boxed{90°}$ より大きく180°より小さい角を鈍角といいます。

💤 寝る前にもう一度

✿ n 角形の内角の和は，180°×(n－2)。
多角形の外角の和は，360°。
☽ 三角形の外角は，それととなり合わない2つの内角の和に等しい。

★今夜おぼえること

✪三角形の合同条件

① 3組の辺がそれ

ぞれ等しい。

② 2組の辺とその

間の角がそれぞ

れ等しい。

③ 1組の辺とその

両端の角がそれ

ぞれ等しい。

2つの三角形は，上の①〜③のどれかが成り立てば，合同である。

数学

❀ 2つの三角形は，次の①～③のどれかが成り

立てば，合同です。

① 3組の 辺 がそれぞれ等しい。

② 2組の 辺 とその間の 角 がそ

れぞれ等しい。

③ 1組の 辺 とその両端（りょうたん）の 角 が

それぞれ等しい。

また，2つの直角三角形は，次の①，②のどちらか

が成り立てば，合同です。

① 斜辺（しゃへん）と1つの 鋭角（えいかく） が

それぞれ等しい。

斜辺

② 斜辺と他の 1辺 がそ

れぞれ等しい。

★ 今夜おぼえること

☆☆ 2辺が等しい三角形を二等辺三角形という。（定義）

二等辺三角形の性質（定理）

① 2つの底角は等しい。

　例　右の図で、∠B ≒ ∠C

② 頂角の二等分線は、底辺を垂直に2等分する。

　例　右の図で、AH が頂角 A の二等分線のとき、
　　　AH ⊥ BC, BH ≒ CH

☽ 3辺が等しい三角形を正三角形という。（定義）

正三角形の性質（定理）▶ 3つの角は等しい。

　例　右の図で、∠A ≒ ∠B ≒ ∠C ≒ 60°

180° ÷ 3 ≒ 60°で、
どの内角も60°になるね。

数学

✿ 2 辺が等しい三角形を 二等辺三角形 とい
い，次の性質があります。

① 2 つの底角は 等しい 。

　例 右の図で，AB＝AC ならば，
　　　∠B＝ ∠C

② 頂角の二等分線は， 底辺 を
　垂直 に 2 等分する。

　例 右の図で，AB＝AC，∠BAH＝∠CAH ならば，
　　　AH⊥ BC ，BH＝ CH

🌙 3 辺が等しい三角形を 正三角形 といい，次
の性質があります。

● 正三角形の 3 つの角は 等しい 。

　例 右の図で，AB＝BC＝CA ならば，
　　　∠A＝ ∠B ＝∠C＝ 60 °

逆に，3 つの角が
等しい三角形は，
正三角形といえるね。

😴 寝る前にもう一度

✿ 2 辺が等しい三角形を二等辺三角形という。（定義）
🌙 3 辺が等しい三角形を正三角形という。（定義）

今夜おぼえること

✿ 2組の対辺が平行な四角形を平行四辺形という。（定義）

平行四辺形の性質（定理）

① 2組の対辺はそれぞれ等しい。

例　右の平行四辺形で，

　　AB＝DC，AD＝BC

② 2組の対角はそれぞれ等しい。

例　右の平行四辺形で，∠A＝∠C，∠B＝∠D

③ 対角線はそれぞれの中点で交わる。

例　右の平行四辺形で，OA＝OC，OB＝OD

☾ 平行四辺形のうち，4つの角が等しければ長方形，4つの辺が等しければひし形，4つの角が等しく，4つの辺が等しければ正方形。

数学

47

❂ 2 組の [対辺] が [平行] な四角形を平行四辺形といい, 次の性質があります。

① 2 組の [対辺] はそれぞれ等しい。

> 例 右の平行四辺形で,
> AB ≒ [DC], AD ≒ [BC]

② 2 組の [対角] はそれぞれ等しい。

> 例 右の平行四辺形で, ∠A ≒ [∠C], ∠B ≒ [∠D]

③ 対角線はそれぞれの [中点] で交わる。

> 例 右の平行四辺形で, OA ≒ [OC], OB ≒ [OD]

◗ 次の四角形は, 平行四辺形の特別な場合です。

長 方 形 ▶ 4 つの [角] が等しい四角形

ひ し 形 ▶ 4 つの [辺] が等しい四角形

正 方 形 ▶ 4 つの 角 が等しく, 4 つの [辺] が等しい

四角形

·· 💤 寝る前にもう一度 ·······

❂ 2 組の対辺が平行な四角形を平行四辺形という。(定義)

◗ 平行四辺形のうち, 4 つの角が等しければ長方形, 4 つの
辺が等しければひし形, 4 つの角が等しく, 4 つの辺が等
しければ正方形。

★今夜おぼえること

☆ n通りのうち，Aが起こる場合はa通り ➡ その確率は $\dfrac{a}{n}$

数学

例　1つのさいころを投げるとき，目の出方は全部で，1〜6の6通り。
　　偶数(ぐうすう)の目の出方は2，4，6の3通り。

　➡ 偶数の目の出る確率は，$\dfrac{3}{6} = \dfrac{1}{2}$

🌙 (Aの起こらない確率) =1−(Aの起こる確率)

例　1つのさいころを投げるとき，3の目が出る確率は，1〜6の6通りのうちの1通りだから，$\dfrac{1}{6}$

確率pの値の範囲(はんい)は，$0 \leq p \leq 1$

　➡ 3の目が出ない確率は，
　　$1 - \dfrac{1}{6} = \dfrac{5}{6}$

✿ 起こる場合が全部で n 通りあり, どの場合が起こることも同様に確からしいとします。そのうち, ことがら A の起こる場合が a 通りあるとき, A の起こる確率 p は,

$$p = \dfrac{a}{n}$$

> どの場合が起こることも同じ程度であると期待できるとき, 同様に確からしいというよ。

例 A, B の硬貨を同時に投げるとき, 表や裏の出方は, 右の図のようになり, 全部で 4 通り。そのうち, 2枚とも裏の場合は 1 通りだから, その確率は, $\dfrac{1}{4}$

このような図を
樹形図という。

☽ A の起こる確率が p のとき, A の起こらない確率は, 1 - p で求められます。

例 あるくじを1本引くとき, 当たる確率が $\dfrac{3}{10}$ ならば, はずれる確率は, $1 - \dfrac{3}{10} = \dfrac{7}{10}$

〜〜 💤 寝る前にもう一度 〜〜
✿ n 通りのうち, A が起こる場合は a 通り ➡ その確率は $\dfrac{a}{n}$
☽ (A の起こらない確率) = 1 - (A の起こる確率)

50

数学

★今夜おぼえること

❀データを小さい順に並べて4等分した区切りの値が四分位数。

例　11人の生徒のテストの得点の四分位数

四分位範囲＝第3四分位数－第1四分位数＝9－4＝5(点)

☽四分位数などを箱とひげで表した図が箱ひげ図。

例　上の例を箱ひげ図で表すと，次のようになる。

51

❀データを小さい順に並べて4等分したときの、3つの区切りの値を 四分位数 といい、小さいほうから順に 第1四分位数 、 第2四分位数 、 第3四分位数 といいます。

第1四分位数
第2四分位数
第3四分位数

第2四分位数は、中央値のことだね。

四分位範囲

四分位範囲 = 第3四分位数 − 第1四分位数

❍四分位数を、最小値、 最大値 とともに表した下のような図を 箱ひげ図 といいます。

ひげ　　箱

最小値　第1四分位数　第3四分位数　最大値

第2四分位数(中央値)

❀データを小さい順に並べて4等分した区切りの値が四分位数。

❍四分位数などを箱とひげで表した図が箱ひげ図。

★今夜おぼえること

✪原子は最小の粒。分子は原子がくっついたもの。

原子の性質

①分けることができない。

②ほかの原子に変わらない。

③なくならない。

④新しくできない。

⑤種類によって，質量・大きさが決まっている。

理科

☽1種類の元素は単体。2種類以上の元素は化合物。

酸素原子　　〈単体〉　酸素分子　　〈化合物〉

水素原子　　水素分子　　水分子

🔆 原子の種類を元素といい，物質の成り立ちを元素記号を使って表したものが 化学式 です。

元素記号

水　素	H	硫黄	S	鉄	Fe
炭　素	C	アルミニウム	Al	銅	Cu
窒素	N	ナトリウム	Na	銀	Ag
酸　素	O	マグネシウム	Mg	亜鉛	Zn

化学式　H_2（水素），O_2（酸素），
　　　　H_2O（水），CO_2（二酸化炭素）

🌙 水素，酸素は 単体 ，水は 化合物 です。

	分子をつくる物質	分子をつくらない物質
単　体	水素 H_2　酸素 O_2	銅 Cu　鉄 Fe
化合物	水 H_2O 二酸化炭素 CO_2	酸化銅 CuO 酸化銀 Ag_2O 塩化ナトリウム NaCl

💤 寝る前にもう一度

🔆 原子は最小の粒。分子は原子がくっついたもの。

🌙 1種類の元素は単体。2種類以上の元素は化合物。

★今夜おぼえること

✪分かれる化学変化は分解。

二酸化炭素
は，石灰水を
白くにごらせ
るよ。

炭酸水素　　加熱　　炭酸　　＋　水　＋　二酸化
ナトリウム　　　　ナトリウム　　　　　　　炭素

理科

●水に電流を流すと，水素と

酸素が発生。

マッチの火

水　　電気分解　　水素　→　ポン

　　　　　　　酸素　→

火のついた線香

55

❀ 化学変化 によって分解した物質は，もとの物質とはちがう 別の物質 になります。

炭酸水素ナトリウムの分解

石灰水

〈実験の結果〉
①反応後に残った白い粉末→炭酸ナトリウム

②塩化コバルト紙が赤変→水(水蒸気)

③気体が発生し，石灰水が 白く にごる→二酸化炭素

☽ 水の電気分解では，陰極に 水素 が，陽極に 酸素 が発生します。

水素と酸素は， 2:1 の体積の比で発生するよ。

● 発生した気体の確認

→ 水素 …試験管に火を近づけると，ポンと音をたてて燃える。

→ 酸素 …試験管に火のついた線香を入れると，炎を上げて燃える。

💤寝る前にもう一度

❀ 分かれる化学変化は分解。
☽ 水に電流を流すと，水素と酸素が発生。

★今夜おぼえること

✪物質が結びつく化合物。

物質A ＋ 物質B ＋ … → 物質C（化合物）

> 物質Cは，物質Aと物質Bが結びつく前とは性質がちがう物質になるよ。

理科

☽鉄粉と硫黄で硫化鉄。

鉄 ＋ 硫黄 → 硫化鉄（鉄と硫黄の化合物）
Fe　 S　　 FeS

鉄粉

硫黄

> 上の部分が赤くなったら，加熱をやめる。

硫化鉄

> 加熱をやめても反応が進むのは，反応によって発熱するためだよ。

✿ 化学式 を用いて，物質の化学変化を表した式を 化学反応式 といいます。

● いろいろな化学反応式

鉄と硫黄の化学反応：

$$鉄 + 硫黄 → 硫化鉄 \quad ▶ \quad Fe + S → \boxed{FeS}$$

炭素と酸素の化学反応：

$$炭素 + 酸素 → 二酸化炭素 \quad ▶ \quad C + O_2 → \boxed{CO_2}$$

水素と酸素の化学反応：

$$水素 + 酸素 → 水 \quad ▶ \quad \boxed{2H_2} + O_2 → \boxed{2H_2O}$$

◗ 化学反応前の鉄粉・硫黄と，化学反応後の物質（硫化鉄）の性質

	色	磁石につくか	電流が流れるか	うすい塩酸との反応
鉄	銀白色	つく	流れる	水素 が発生
硫 黄	黄 色	つかない	流れない	反応しない
硫化鉄	黒 色	つかない	流れない	硫化水素が発生

💤 寝る前にもう一度

✿ 物質が結びつく化合物。

◗ 鉄粉と硫黄で硫化鉄。

★今夜おぼえること

✿ 酸素とくっつくと酸化。

物質 A ＋ 酸素（O_2）→ 物質 B（酸化物）

鉄（スチールウール）の燃焼

鉄　＋　酸素　——→　酸化鉄

酸素と結び
ついた分，
重くなるよ。

マグネシウムの燃焼

マグネシウム　＋　酸素　——→　酸化マグネシウム

理科

�☽ 酸素がとられると還元。

還元

酸化銅 ＋ 炭素 ⇒ 銅 ＋ 二酸化炭素

2CuO　　　　C　　　　2Cu　　　CO_2

✿鉄を 加熱 すると，熱や光を出して酸素と結びついて（酸化），酸化鉄 になります。
また，木が燃えるときのように，熱や光を出す激しい酸化のことを 燃焼 といいます。

●いろいろな酸化・燃焼

鉄の燃焼：鉄＋酸素→酸化鉄

銅の酸化：銅（2Cu）＋酸素（O_2）→ 酸化銅 （2CuO）

炭素の燃焼：炭素（C）＋酸素（O_2）→ 二酸化炭素 （CO_2）

☽酸化銅と炭素の粉末を混ぜて加熱すると，酸化銅は 還元 されて 銅 になります。この化学変化の中で，酸化銅は還元され，炭素は酸化されています。このように，還元と酸化は同時に起こります。

酸化銅　　　炭素　　　銅　　　二酸化炭素

2CuO ＋ C → 2Cu ＋ CO_2

✿酸素とくっつくと酸化。

☽酸素がとられると還元。

◯ 月 日
◯ 月 日

★今夜おぼえること

✿化学変化の前後で全体の質量は変わらない。

理科

化学変化前

化学変化後

> 見た目がちがっても，同じ質量だよ。

☾気体が出ていくと軽くなる。

ふたを開けると

二酸化炭素

うすい塩酸

石灰石

61

✿化学変化の 前後 で，物質全体の質量は変わらないことを，質量保存の法則といいます。

反応前の質量の総和 ＝ 反応後の質量の総和

うすい硫酸とうすい塩化バリウム水溶液を混ぜると，塩酸と硫酸バリウムの白い沈殿ができます。このとき，反応の前後で質量の総和は変わりません。

◗ふたのない容器では，うすい塩酸と石灰石の反応でできた二酸化炭素が出てしまうため，質量は軽くなります。下の実験のように，密閉容器中では，反応の前後の質量は変わりません。

ふた
うすい塩酸
石灰石

混ぜる

二酸化炭素が発生。

ふた

発生した気体が空気中に出ていかない。

✿化学変化の前後で全体の質量は変わらない。
◗気体が出ていくと軽くなる。

★ 今夜おぼえること

✿ 化学反応（かがくはんのう）する物質の質量の割合（わりあい）はつねに一定。

銅　　　　　　酸素　　　　　　酸化銅

 ＋ ⇒

④ ： ① ： ⑤

☽ 鉄粉（てっぷん）が酸化（さんか）する化学変化（かがくへんか）では熱を発生。

 ─── 鉄粉＋活性炭 ＋食塩水

❉金属が酸素と 化学反応 するとき，金属と
酸素は 決まった 質量の割合で結びつきます。

▼金属の質量とその酸化物の　▼金属の質量とその金属と反応し
　質量の関係⇒比例関係　　　　た酸素の質量の関係⇒比例関係

質量の比は　銅：酸化銅　　　質量の比は　銅：酸素
　　　　　　④：⑤　　　　　　　　　　④：①

☽鉄粉に活性炭を混ぜ，食塩水を加えると，
鉄と酸素が反応して 酸化鉄 ができます。このとき
熱 を発生し，温度が上がります。

········ 😴寝る前にもう一度········
❉化学反応する物質の質量の割合はつねに一定。
☽鉄粉が酸化する化学変化では熱を発生。

★ 今夜おぼえること

✿ 葉緑体，液胞，細胞壁は

植物の細胞にだけある。

動物の細胞

植物の細胞

共通して
あるものは
細胞膜
核
だよ。

葉緑体

細胞壁

液胞

🌙 単細胞生物は1つの細胞。

ゾウリムシ

ミカヅキモ

アメーバ

理科

65

✿ 核 は，酢酸オルセインや 酢酸カーミン といっ
た染色液で染まります。

タマネギの表皮
の細胞

ヒトのほおの内側
の粘膜の細胞

丸い粒が核。
染色液で赤く
染まるよ。

☾ 単細胞 生物は，からだが１つの細胞からで
きています。 多細胞 生物は，からだが多くの細
胞からできています。

多細胞 ① 組織 …形やはたらきが同じ細胞の集まり。
生物の ② 器官 …いくつかの組織の集まり。
からだ ③ 個体 …いくつかの器官の集まり。

★ 今夜おぼえること

<u>水着</u>の<u>兄さん</u> <u>光</u>を浴びて
（水）　（二酸化炭素）（光）

<u>デート</u>で<u>サングラス</u>。
（デンプン）　（酸素）

光合成：水＋二酸化炭素 ――――光――――→ デンプン＋酸素

理科

☽ 葉緑体はデンプン工場。

葉緑体がある

ヨウ素液に
つける

葉緑体がない

青紫色になる

デンプンが
できた

67

❀植物は，水と二酸化炭素を原料に，光の
エネルギーを使って，デンプンなどの栄養分をつ
くります。このはたらきを光合成といいます。こ
のとき，デンプンのほかに，酸素もできます。

☾光を受けてデンプンをつくるのは，細胞の中に
ある緑色をした葉緑体です。

光

葉緑体

根から吸収

水 + 二酸化炭素 → デンプン
など + 酸素

空気中から
気孔を通して
とり入れられる。

気孔から
空気中へ。

68

★今夜おぼえること

✿呼吸は酸素→二酸化炭素

呼吸では酸素をとり入
れて二酸化炭素を出す
よ。

気体の出入り
は気孔でされ
るんだったね。

理科

🌙昼は酸素を多く出す。

昼は光合成と
呼吸の両方を
しているよ。

69

😊 酸素 を使ってデンプン（栄養分）を分解し，二酸化炭素 と水を出すはたらきを 呼吸 といいます。

光合成とは逆のはたらきだよ。

🌙 植物は，昼は光合成も呼吸もしていますが，光が十分に当たっているときは， 光合成 による気体の出入りのほうが多いので，全体としては 酸素 を多く出しています。夜は 呼吸 だけをしているので， 二酸化炭素 を出しています。

昼	光（強い）	夜	光なし

二酸化炭素　　　酸素
光合成
呼吸

二酸化炭素　　　酸素
呼吸

光合成がさかん。 → 出される酸素の量が呼吸で使われる酸素の量よりも多い。

呼吸だけ行われる。 → 酸素をとり入れ，二酸化炭素を出す。

😴 寝る前にもう一度

😊 呼吸は酸素→二酸化炭素

🌙 昼は酸素を多く出す。

★今夜おぼえること

✪ 口⇒食道⇒胃⇒小腸⇒大腸⇒肛門は1本の管。

消化管と消化

口…だ液で消化する。
デンプンを分解する。

胃…胃液で消化する。
タンパク質を分解する。

小腸…小腸の壁の消化酵素で消化する。
デンプンとタンパク質を分解する。

口から肛門までの1本の管のことを消化管というよ。

理科

☾ 栄養分は小腸から吸収。

小腸の内壁のひだ

柔毛の断面

リンパ管

毛細血管

😊 消化管を通る間に, 栄養分は 消化 され, 次のように 分解 されます。

デンプン─→ ブドウ糖   タンパク質→ アミノ酸
脂肪─────→ 脂肪酸 と モノグリセリド

▼だ液のはたらきを調べる実験

ベネジクト液を入れて加熱したとき, 麦芽糖があると赤かっ色の沈殿ができるよ。ヨウ素液は, デンプンがあると青紫色に変化。

➡実験の結果から, デンプンはだ液で分解されて麦芽糖になりました。

🌙 小腸の 柔毛 の 毛細血管 には, ブドウ糖, アミノ酸など, リンパ管 には脂肪酸とモノグリセリドが再び脂肪になって吸収されます。

😴寝る前にもう一度

😊 口⇒食道⇒胃⇒小腸⇒大腸⇒肛門は1本の管。

🌙 栄養分は小腸から吸収。

★今夜おぼえること

✿肺胞のおかげで表面積は大。

ヒトの肺のつくり

> 肺の中を拡大すると，細かく枝分かれした気管支の先に肺胞がある。→表面積が大。

肺

気管

気管支

肺胞

毛細血管

理科

☾呼吸では血液中に酸素をとり入れ，二酸化炭素を放出。

ヒトの肺胞内での酸素と二酸化炭素の交換

酸素

二酸化炭素

血液

毛細血管

肺胞

赤血球

☪ 肺胞 は，肺をつくる小さなふくろで，表面に
は 毛細血管 が分布しています。筋肉のついたろっ
骨と横隔膜のはたらきで呼吸が行われます。

▼呼吸とそのしくみを調べる実験

〈息を吸うとき〉　　　　　　　　〈息をはくとき〉

ろっ骨が 上がる 。

横隔膜が 下がる 。

モデル実験

ガラス管
ゴム風船
ゴム膜

引く

ろっ骨が 下がる 。

横隔膜が 上がる 。

モデル実験

手をはなす

☾ 肺胞 内の空気から血液中に 酸素 がとり入
れられ，血液中の 二酸化炭素 を肺胞内に放
出します。

💤寝る前にもう一度

☪肺胞のおかげで表面積は大。
☾呼吸では血液中に酸素をとり入れ，二酸化炭素を放出。

74

★今夜おぼえること

✿心臓は血液循環のポンプ。

大動脈（だいどうみゃく）
肺動脈（はいどうみゃく）
大静脈（だいじょうみゃく）
肺静脈（はいじょうみゃく）
右心房（うしんぼう）
左心房（さしんぼう）
大静脈（だいじょうみゃく）
弁（べん）
右心室（うしんしつ）
左心室（さしんしつ）

動脈…心臓から出ていく血液が通る血管。

静脈…心臓にもどる血液が通る血管。

理科

☽有害なアンモニアは、無害な尿素（にょうそ）に変身。

アンモニア→尿素
肝臓（かんぞう）

尿素をこしとる
じん臓

体外

75

❊ヒトの心臓は, 2 つの 心房 と 2 つの 心室 からなり, 全身に 血液 を送るポンプの役割をはたしています。血液の循環には, 体 循環と 肺 循環の 2 つがあります。

体循環… 心臓 ⇒ 全身 ⇒ 心臓

全身の細胞に酸素や栄養分をあたえ, 細胞から 二酸化炭素 や不要物を受けとる。

肺循環… 心臓 ⇒ 肺 ⇒ 心臓

肺の毛細血管で二酸化炭素を出し, 酸素 を受けとる。

☾体内に有害な アンモニア は, 肝臓で 尿素 に変えられ, じん臓で血液中からこしとられて尿として 排出 されます。

肝臓のはたらき…①栄養分をたくわえる。

②胆汁(胆液) をつくる。

③体内の有害な物質を無害な物質に変える。

じん臓のはたらき…①血液から, 尿素 などの不要物をとり除く。

②余分な水分や塩分を尿中に排出する。

💤 寝る前にもう一度

❊ 心臓は血液循環のポンプ。

☾ 有害なアンモニアは, 無害な尿素に変身。

★ 今夜おぼえること

✿ 脳に伝わると見える，聞こえる。

ヒトの目のつくり　　　　　　　ヒトの耳のつくり

ヒトの目のつくり
虹彩（こうさい）
角膜（かくまく）
ガラス体
網膜（もうまく）
ひとみ
水晶体（すいしょうたい）
（レンズ）
神経（しんけい）
（脳へ）

ヒトの耳のつくり
うずまき管
耳小骨（じしょうこつ）
鼓膜（こまく）
空気の振動（しんどう）
神経（脳へ）

理科

☾ 無意識の動きは反射（はんしゃ）。

あつい!!

思わず，
手を引っ
こめたよ。

反射のしくみ
①刺激（しげき）⇒②感覚器官⇒③感覚神経⇒④せきずい⇒⑤運動神経⇒
⑥運動器官⇒⑦反応

✿ 目や耳などの感覚器官には刺激を受けとるための感覚細胞があり、神経とつながっています。感覚器官が刺激を受けとると信号は神経を通って脳に伝わり、光や音を感じます。

● 刺激の流れ

　　光の場合…光⇒角膜⇒ひとみ⇒水晶体⇒網膜⇒神経⇒脳

　　音の場合…音⇒鼓膜⇒耳小骨⇒うずまき管⇒神経⇒脳

☽ 感覚器官で受けとった刺激は、神経を通ってせきずいと脳に伝わりますが、無意識に起こる反応（反射）では、刺激が脳に伝わる前に反応が起こります。

反射　刺激⇒感覚器官⇒感覚神経⇒脊髄⇒運動神経⇒運動器官⇒反応

意識して起こす反応　刺激⇒感覚器官⇒感覚神経⇒脊髄⇒脳⇒脊髄⇒運動神経⇒運動器官⇒反応

反射は、危険からからだを守るのに役立っているよ。

💤 寝る前にもう一度

✿ 脳に伝わると見える、聞こえる。

☽ 無意識の動きは反射。

78

★今夜おぼえること

✿ 通り道が1本なのが直列、2本以上に分かれるのが並列。

直列回路　　電流の流れ　　並列回路

☽ 直列は電流が、並列は電圧が等しい。

直列回路の電流と電圧

電流
$I_1 = I_2 = I_3$

電圧
$V = V_1 + V_2$

並列回路の電流と電圧

電流
$I_1 = I_2 + I_3 = I_4$

電圧
$V = V_1 = V_2$

理科

79

✿電流は電源の⊕極から流れ出て，回路を
通って電源の⊖極に流れこみます。

電気用図記号

電源	長いほう が＋極 ─┤├─ 　　　　　－　＋	電気抵抗	─▭─
電球	─⊗─	電流計	─Ⓐ─
スイッチ	─╱ ─	電圧計	─Ⓥ─

☽電流は，直列回路のどの点でも同じ大きさ，
並列回路では枝分かれする前の電流と枝分かれ
した後の電流の和が等しくなります。

直列回路の電流　$I_1 = I_2 = I_3$　並列回路の電流　$I_1 = I_2 + I_3 = I_4$

直列回路の電圧　$V = V_1 + V_2$　並列回路の電圧　$V = V_1 = V_2$

······ 🌙寝る前にもう一度 ······
✿通り道が１本なのが直列，２本以上に分かれるのが並列。
☽直列は電流が，並列は電圧が等しい。

★今夜おぼえること

✿流れにくさは<u>オーム</u>で示す。
→ Ω

電流が流れ
にくい。

抵抗を並列に
つなげると、1
本のときより、
電流が流れや
すい。

電熱線
導線　　　　　　導線

電熱線
導線　電熱線　導線

理
科

☾オームの法則は<u>V＝R×I</u>
→電圧＝抵抗×電流

電流 I

電
圧
V

抵抗 R

乾
電
池

抵抗
（電熱線）

回路図

81

♢電熱線などの電流の流れにくさを、

電気抵抗（抵抗）といって Ω で表します。

$$抵抗〔Ω〕の大きさ = \frac{電圧〔V〕の大きさ}{電流〔A〕の大きさ}$$

☽電熱線を流れる電流が電熱線の両端に加わる

電圧に 比例 することを オーム の法則といいます。

電流を I、電圧を V、抵抗を R で表すと、

$V = \boxed{R} \times \boxed{I}$ 　　　【変形式】 $I = \dfrac{V}{R}$, $R = \dfrac{V}{I}$

●電熱線 a, b の
　抵抗の求め方
・a の抵抗
　$= 3〔V〕 \div 2〔A〕$
　$= 1.5〔Ω〕$
・b の抵抗
　$= 6〔V〕 \div 3〔A〕$
　$= 2〔Ω〕$

電流〔A〕

電熱線 a

電熱線 b

電圧〔V〕

グラフは原点を通る直線になるよ。

😴寝る前にもう一度

♢流れにくさはオームで示す。

☽オームの法則は $V = R \times I$

82

★今夜おぼえること

✪電力〔W〕ワットは, 電圧〔V〕×電流〔A〕で求める！

100V×12A＝1200W

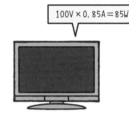

100V×0.85A＝85W

理科

☽水1gを1℃上げるには, 4.2Jジュールの熱量が必要。

4.2J

1℃温度が
上がったよ。

水 1g　　　　　　水 1g

❀ (電力) とは，1 秒間に消費される電気エネルギーの量のことをいいます。電気器具などにかかる電圧と流れる電流の (積) で求められます。

　電力 P [W] = 電圧 V [V] × 電流 I [A]

　電気を消費した量は，(電力量) で表します。

　電力量 W [J] = 電力 P [W] × 時間 t [s]

> 1200W のドライヤーを10秒間
> 使ったら，
> 1200 × 10 = 12000 [J]
> の電力量を消費するよ。

☽ 電熱線などから発生する熱の量を (熱量) といいます。単位はジュール [J]。 (1 W) の電力で 1 秒間に発生する熱量が (1 J) です。

　熱量 Q [J] = 電力 P [W] × 時間 t [s]

　一定量の水が得た熱量は，

　熱量 [J] = 4.2 [J] × 水の質量 [g] × 水の上昇温度 [℃]

> 水 1 g を 1 ℃ 上昇させるのに必要な
> 熱量は，約4.2J だよ。

⋯💤寝る前にもう一度⋯⋯⋯⋯⋯⋯⋯⋯⋯⋯⋯⋯⋯⋯⋯⋯⋯⋯
❀電力 [W] は，電圧 [V] × 電流 [A] で求める！
☽水 1 g を 1 ℃ 上げるには，4.2J の熱量が必要。

★今夜おぼえること

✪電流→大, コイルの巻数→増で磁界(じかい)は強くなる。

弱 ←── 磁界 ──→ 強

🌙右手の親指はコイルの内側の磁界の向き。

磁界の向き

電流の向き

N

S

コイルの内側の磁界の向き

N

電流の向き

S

右手

理科

85

😸 コイルに鉄しんを入れて、磁界を強くしたもの
を 電磁石 といいます。

コイルの磁界を強くするには、
次の3つの方法があります。

　①電流を大きくする。
　②コイルの巻数を増やす。
　③コイルに鉄しんを入れる。

🌙 右手の4本
の指で 電流 の
向きにコイルを
にぎったとき、
親指の向きが
コイルの内側に
生じる 磁界 の
向きになります。

電流の向き

磁界の向き

N極

S極

コイルの内側と外側では
磁界の向きは逆だよ。

🌙💤 寝る前にもう一度

😸 電流→大、コイルの巻数→増で磁界は強くなる。

🌙 右手の親指はコイルの内側の磁界の向き。

86

★今夜おぼえること

✿電磁誘導はコイルに磁石を出し入れすると電圧が生じる現象。

近づける→ N

電流が発生！

光った！

理科

☽電流の流れる向きが、直流は一定、交流は周期的に変化。

直流 +

0

時間

交流 +

0

時間

87

✡コイルの中の**磁界**が変化すると，コイルの両端に電圧が生じます。この現象を 電磁誘導 といい，このとき流れる電流を 誘導電流 といいます。磁石の極と，動かす向きによって，誘導電流の向きは変わります。

近づける

誘導電流

> 誘導電流は，その電流によって生じる磁界が外から加えた磁界の変化をさまたげるような向きに流れるよ。

☽乾電池のように，一定の向き，大きさで流れる電流を 直流 ，家庭のコンセントからの電流のように，**電流の大きさや向きが変化する電流**を 交流 といいます。

・・・💤寝る前にもう一度・・・
✡電磁誘導はコイルに磁石を出し入れすると電圧が生じる現象。
☽電流の流れる向きが，直流は一定，交流は周期的に変化。

★今夜おぼえること

❀ 冬のドアのパチッ！の正体は静電気。

理科

☾ 電子線（陰極線）は−の電気をもつ電子の流れ。

電子線は，磁石を近づけたり，電圧をかけたりすると曲がるよ。

＋極
−極
電子線
すきま
蛍光板
−極
＋極
電源
誘導コイル

89

😺2種類の物体をこすり合わせたときに，物体がおびる電気を 静電気，たまった電気が流れ出したり，空間を移動する現象を 放電 といいます。

静電気が起きるしくみ

⊖ が多い。
（－の電気をおびる）

ティッシュ
ペーパー

ストロー

こする

⊕ が多い。
（＋の電気をおびる）

🌙真空放電によって，一極から出るものを 電子線（陰極線）といいます。これは，－の電気をもつ非常に小さい粒子である 電子 の流れです。

真空放電とは，気圧を低くした空間に電流が流れる現象のことだよ。

💤寝る前にもう一度

😺冬のドアのパチッ！の正体は静電気。

🌙電子線（陰極線）は－の電気をもつ電子の流れ。

★今夜おぼえること

😊圧力は, 面の上に力。

圧力＝

面積

（面の上に力）

圧力は, 力÷面積
で求められるよ。

理科

🌙空気の重さによる圧力が,

大気圧(気圧)。

高い場所
ほど, 気
圧は低い。

91

🌼 一定の面積あたりの面を垂直に押す力を　圧力　といいます。　1 m²あたりの圧力は　パスカル (Pa)　で表されます。

$$圧力 \underset{(N/m^2)}{(Pa)} = \frac{面を垂直に押す力 (N)}{力がはたらく面積 (m^2)}$$

例　重さ10Nの物体が, 底面積0.2m²の床に加える圧力は何Pa？

$$\frac{10 \, (N)}{0.2 \, (m^2)} = 50 \, (Pa)$$

🌙 空気に押されることで生じる圧力を,　大気圧 (気圧)　といいます。気圧は, あらゆる方向から同じ大きさで加わり, 地表で最も大きく, 上空ほど小さくなります。気圧の単位は,　ヘクトパスカル (hPa)　で, 1013 hPaを基準として, これを　1気圧　といいます。

ヘクトパスカルのヘクトは,
100倍の意味で100Pa に等しい。

💤 寝る前にもう一度
🌼 圧力は, 面の上に力。
🌙 空気の重さによる圧力が, 大気圧 (気圧)。

★今夜おぼえること

❀高気圧は下降気流，低気圧は上昇気流。

反時計回りに風がふきこむ。

上空

低

高

時計回りに風がふき出す。

理科

☽寒気の上にはい上がる温暖前線，暖気の下にもぐる寒冷前線。

もぐりこみます。

境界面（前線面）

寒気

地表

寒冷前線

暖気

はい上がります。

温暖前線

✿ 風は 気圧 が高いほうから低いほうへ向かって
ふきます。 等圧線 の間隔がせまいほど気圧の変
化が大きいので, 風は強くふきます。

☾ 温暖前線 は, 暖気 が 寒気 の上にはい上が
り, 寒気を押しながら進む前線です。乱層雲や
高積雲などが発生し, 長時間おだやかな雨が降り
ます。 寒冷前線 は, 寒気 が 暖気 の下にもぐ
りこみ, 暖気を押しながら進む前線です。積乱
雲が発達し, 短時間に大量の雨が降り, かみ
なりや突風をともなうこともあります。

● 前線の種類

	温暖前線	寒冷前線	停滞前線	閉塞前線
記号				

💤 寝る前にもう一度

✿ 高気圧は下降気流, 低気圧は上昇気流。
☾ 寒気の上にはい上がる温暖前線, 暖気の下にもぐる寒冷
前線。

★今夜おぼえること

☆ **偏西風によって，日本の天気は西から東へ変化。**

西　　　　偏西風　　　東

西から東へふいているよ。

理科

☽ **熱帯低気圧が発達したものが台風。**

進行方向

台風

台風は，南の海上で発生して日本に接近してくるよ。

95

❋ 日本の上空では，⬚西⬚から⬚東⬚に向かう ⬚偏西風⬚がふいています。その影響で，低気圧や高気圧が西から東へと移動していくため，天気も⬚西から東へ⬚と変化していきます。

🌙 台風は南の海上で発生し，西へ進んで日本に接近します。日本付近では北寄りから⬚東寄り⬚に進路を変えます。最大風速が秒速⬚17.2⬚m以上で，前線をともないません。

台風が日本に接近または上陸して，強風や大雨などの災害をもたらすのは，8～9月に多くなります。

中心の雲のないところを「台風の目」といい，風が弱いよ。

❋ 偏西風によって，日本の天気は西から東へ変化。
🌙 熱帯低気圧が発達したものが台風。

★今夜おぼえること

✿水滴ができ始める温度は露点。

冷たくておいしいネ！

水滴

理科

☽雲は水滴や氷の粒が上空にうかんだもの。

0℃ ― 氷の粒・水滴・水蒸気 ― 氷の粒ができる。

露点 ― 雲ができ始める。 ― 水滴ができる。

膨張

日射 → 水蒸気 ― 水蒸気をふくんだ空気があたたまる。

地上の気温

上昇

❀ 空気中の水蒸気が冷やされて水滴に変わることを 凝結 といい，そのときの温度を 露点 といいます。

空気中にふくむことができる水蒸気の量には限度があります。1m³ の空気がふくむことのできる限度の水蒸気の質量を飽和水蒸気量といいます。

❍ 空気が 上昇 すると膨張して温度が 下がり，露点より低くなると，空気中の水蒸気が凝結して水滴や氷の粒になり， 雲 ができます。この水滴や氷の粒が大きくなり，地上に落ちてくると 雨や雪 になります。

･･𝕫𝕫 寝る前にもう一度･･･
❀ 水滴ができ始める温度は露点。
❍ 雲は水滴や氷の粒が上空にうかんだもの。

98

★ 今夜おぼえること

✪実際の距離＝地図上の長さ×縮尺の分母。

2万5千分の1の縮尺の地形図上で，2cmの長さの実際の距離は，2(cm) × 25000 = 50000(cm) = 500(m)となるよ。

$\frac{1}{25000}$ の地形図だから…

社会

☽環太平洋造山帯とアルプス・ヒマラヤ造山帯。

造山帯（変動帯）の地域では，火山活動が活発で，大きな地震が起こることがあるんだよ。

❀地形図などに示される<u>縮尺</u>は，実際の距離を地図上に縮めた割合です。実際の距離は，[地図上の長さ]に[縮尺の分母]をかけて求めます。

縮　尺	地図上で1cmの長さの実際の距離
2万5千分の1　0───250m　1cm	1cm × 25000＝25000cm＝250m
5万分の1　0───500m　1cm	1cm × 50000＝50000cm＝500m

☽[環太平洋]造山帯にはアンデス山脈，ロッキー山脈，日本列島，フィリピン諸島，ニュージーランドなどが属します。[アルプス・ヒマラヤ]造山帯にはアルプス山脈，ヒマラヤ山脈，インドネシアなどが属します。

▲二つの造山帯

········💤寝る前にもう一度·········
- ❀実際の距離＝地図上の長さ×縮尺の分母。
- ☽環太平洋造山帯とアルプス・ヒマラヤ造山帯。

★ 今夜おぼえること

☆ (ゴロ合わせ) **扇谷　河三**（扇状地は谷口，河口に三角州）。

扇状地は扇形に広がる緩（ゆる）やかな傾斜地（けいしゃち），三角州は三角形に似た低くて平らな土地だよ。

扇状地

三角州

社会

🌙 日本では，季節風は夏に南東から，冬に北西から吹（ふ）く。

　日本では，夏に太平洋（たいへいよう）から南東の季節風が，冬に大陸から北西の季節風が吹きます。

夏　乾（かわ）いた風　雨　湿（しめ）った風　日本海　太平洋

冬　雪　湿った風　乾いた風　日本海　太平洋

▲夏と冬の季節風

♣ 平地には平野や盆地，台地などがあります。

扇状地 は川が山間部から平地に出るところに，

三角州 は川が海や
湖に出るところに土
砂を積もらせてでき
た地形です。

● 日本では夏に太平洋から暖かく湿った 南東 の
季節風（モンスーン） が吹き，冬に大陸から冷
たく湿った 北西 の 季節風（モンスーン） が吹きま
す。湿った 季節風
（モンスーン） は山
地にあたって，その
手前に多くの雨や雪
を降らせます。

▲太平洋側と日本海側の都市の
　雨温図　（2020年版「理科年表」）

……💤 寝る前にもう一度 …………………………………

♣ 扇谷　河三（扇状地は谷口，河口に三角州）。

● 日本では，季節風は夏に南東から，冬に北西から吹く。

★今夜おぼえること

✪地震が起きると土砂崩れや液状化, 津波が発生。

津波は, 海底を震源とする地震が起きたときに, 発生することがあります。

津波

地盤の液状化

社会

☽日本は少子高齢化。三大都市圏で過密, 農村や山間部で過疎。

過密地域では, 大気汚染や交通渋滞などの問題があります。

50年後, 約5人に2人が65歳以上

通勤ラッシュ

😺 大きな 地震 が起きたときは、建物が壊れるだけでなく、土砂崩れや地盤の液状化、津波 が発生することがあります。防災や減災のために、施設の整備などが進められています。

▲津波避難タワー

🌙日本では子どもの数が減り、人口に占める高齢者の割合が増え、少子高齢化 が進んでいます。東京・大阪・名古屋の三大都市圏では

過密 の問題、農村や山間部、離島では 過疎 の問題があります。

太平洋ベルト
神戸
札幌
広島
京都
仙台
さいたま
福岡
東京
大阪
名古屋
川崎
横浜

▲人口が多い主な都市

····💤 寝る前にもう一度····

😺 地震が起きると土砂崩れや液状化、津波が発生。

🌙 日本は少子高齢化。三大都市圏で過密、農村や山間部で過疎。

★今夜おぼえること

✿発電は，水力・火力・原子力・太陽光・風力・地熱など。

太陽光，風力，地熱は再生可能エネルギーと呼ばれ，環境にやさしいんだよ。

風力発電

太陽光発電

社会

☽大都市近くで近郊農業，宮崎・高知平野で促成栽培。

近郊農業

促成栽培

105

😊主な発電方法は 水力 ・ 火力 ・ 原子力 ですが、問題点もあるため、近年太陽光・風力・地熱などの繰り返し利用できる再生可能エネルギーが注目されています。

▲主な国の発電エネルギー源別割合

🌙大都市近くで大都市向けに野菜や花を生産する 近郊農業 、宮崎平野・高知平野などでは冬でも温暖な気候をいかし、ビニールハウスなどで野菜の生育を早める 促成栽培 がさかんです。

促成栽培でほかの地域と出荷時期をずらすことにより、高い値段で売ることができるよ。

💤寝る前にもう一度

😊発電は、水力・火力・原子力・太陽光・風力・地熱など。

🌙大都市近くで近郊農業、宮崎・高知平野で促成栽培。

★今夜おぼえること

❀工業の中心は太平洋ベルト。

加工貿易で発展→貿易摩擦・

現地生産→産業の空洞化。

外国で生産するほうが費用が安いため現地生産が進み，国内の産業の空洞化が問題となっています。

日本での費用

外国での費用

国内

☾重くてかさばる物は船，軽く

て高価な物は航空機で輸送。

海上輸送　　　　　　航空輸送

コンテナ船　　タンカー

社会

107

😊 工業は 太平洋ベルト でさかんです。日本は 加工貿易 で発展してきましたが，貿易摩擦 が 起こり，現地生産が進んだことなどから，産業の 空洞化 が問題となっています。

▲日本の主な工業地帯・地域

🌙 石油や自動車などの重くてかさばる物は，主 に 船 を利用した海上輸送，電子部品などの軽 くて高価な物や，新鮮さが重要な食品などは主 に 航空機 を利用した航空輸送で運ばれます。

💤寝る前にもう一度

😊 工業の中心は太平洋ベルト。加工貿易で発展→貿易摩擦・ 現地生産→産業の空洞化。

🌙 重くてかさばる物は船，軽くて高価な物は航空機で輸送。

★今夜おぼえること

☆阿蘇山にカルデラ。火山が多く，地熱発電に利用。

九州地方には桜島や雲仙岳，阿蘇山などの火山がたくさんあるよ。

桜島

カルデラ

阿蘇山

◗宮崎平野で促成栽培，シラス台地で畜産，九州各地にIC工場や自動車工場。

肉牛

北海道 20.5%	鹿児島 13.5		熊本 5.0	その他

宮崎 10.0

豚

		北海道 7.6	その他

群馬 6.9
宮崎 9.1
鹿児島 13.9%
(2019年)(2020/21年版「日本国勢図会」)

▲肉牛と豚の飼育頭数の都道府県別割合

社会

❀九州地方には**火山**が多く，**温泉**などの観光資源や[地熱発電]に利用されています。**阿蘇山**には世界最大級の[カルデラ]があります。しかし，火山は噴火により災害を引き起こすことがあります。

▲九州地方の地形

☾**宮崎平野**で野菜の[促成栽培]，[シラス台地]で肉牛や豚，肉用にわとりを飼育する**畜産**がさかんです。九州各地には[IC（集積回路）工場]や自動車工場が進出しています。

▲九州地方の主な工業と交通網

❀阿蘇山にカルデラ。火山が多く，地熱発電に利用。
☾宮崎平野で促成栽培，シラス台地で畜産，九州各地にIC工場や自動車工場。

★ 今夜おぼえること

✪山瀬戸内工業地域に石油化学

コンビナート。

石油化学コンビ
ナートは石油精製工
場と石油化学工場，
火力発電所などが結
びついて，効率よく
生産しているよ。

石油化学コンビナート

社会

☾山間部で過疎。地産地消な

どの町おこし・村おこし。

インターネット
を利用して，特
産品を販売した
り，地域の魅力
を発信したりし
ているよ。

（地域おこし）

☪瀬戸内海沿岸には 瀬戸内工業地域 が発達していて，石油化学工業や鉄鋼業などがさかんです。岡山県の倉敷市水島地区や山口県の周南市などには，原料・燃料・製品で関連のある工場が結びついた 石油化学コンビナート があります。

					せんい1.2┐	
全国 322兆円	金属 13.4%	機械 46.0		化学 13.1	食料品 12.1	その他

				┌─2.1	
瀬戸内 31兆円	18.6%	35.2	21.9	8.1	

(2017年) (2020/21年版「日本国勢図会」)

▲全国と瀬戸内工業地域の工業生産額の割合

☽中国・四国地方の山間部や離島では 過疎 の問題が深刻ですが，地産地消 や特産品のブランド化などの 町おこし ・ 村おこし に取り組んでいる地域もあります。
(地域おこし)

(歳) (2015年) (歳)

男 女

65歳以上

15〜64歳

0〜14歳

(%)

(国勢調査)

▲上勝町(徳島県)の人口構成

☪瀬戸内工業地域に石油化学コンビナート。

☽山間部で過疎。地産地消などの町おこし・村おこし。
(地域おこし)

★今夜おぼえること

✿日本最大の琵琶湖から淀川。
紀伊山地で林業がさかん。

紀伊山地は古くから林業がさかんで，吉野すぎや尾鷲ひのきが有名だよ。だけど，あとつぎ不足などが課題なんだ。

社会

☾大阪は大阪大都市圏の中心。
阪神工業地帯に中小企業。

阪神工業地帯には中小企業の町工場が多いんだ。協力して人工衛星を生産した工場もあるんだよ。

人工衛星「まいど1号」

🌑近畿地方には日本最大の琵琶湖があり、そこから流れ出す淀川が大阪湾に注いでいます。降水量が多く木の生育に適した紀伊山地では、古くから林業がさかんです。

▲近畿地方の地形

🌙大阪を中心に神戸や京都にかけては人口が集中し、大阪（京阪神）大都市圏が形成されています。大阪湾沿岸を中心に阪神工業地帯が発達し、内陸部には中小企業の町工場が多くあります。

	金属	機械	化学	食料品	せんい1.2	その他
全国 322兆円	13.4%	46.0	13.1	12.1		
阪神 33兆円	20.7%	36.9	17.0	11.0	-1.3	

(2017年) (2020/21年版「日本国勢図会」)

▲全国と阪神工業地帯の工業生産額の割合

💤寝る前にもう一度

🌑日本最大の琵琶湖から淀川。紀伊山地で林業がさかん。

🌙大阪は大阪大都市圏の中心。阪神工業地帯に中小企業。

★ 今夜おぼえること

✿ 日本アルプスは飛驒・木曽・赤石山脈。渥美半島で施設園芸農業がさかん。

施設園芸農業とはビニールハウスや温室で行う園芸農業のことだよ。

日本アルプス

電照菊

☽ 中京工業地帯で自動車，東海工業地域でオートバイ。

東海工業地域では，浜松市でオートバイや楽器の生産がさかんだよ。

中京工業地帯　自動車

東海工業地域　オートバイ　楽器

社会

115

❀中部地方には飛驒山脈・木曽山脈・赤石山脈

の（日本アルプス（日本の屋根））が連なります。

渥美半島ではビニー
ルハウスなどを使った
（施設園芸農業）が
さかんで、温室メロ
ンや電照菊が栽培
されています。

▲中部地方の地形

●（中京工業地帯）は愛知県名古屋市を中心に

形成され、豊田市で（自動車）工業がさかんです。

（東海工業地域）は静岡県の沿岸部に形成され、

浜松市で楽
器やオートバ
イの生産が
さかんです。

(2017年) (2020/21年版『日本国勢図会』)
▲中京工業地帯と東海工業地域の工業生産額の割合

···💤寝る前にもう一度···

❀日本アルプスは飛驒・木曽・赤石山脈。渥美半島で施設
　園芸農業がさかん。
●中京工業地帯で自動車，東海工業地域でオートバイ。

116

★今夜おぼえること

✪首都・**東京**を中心に東京大都市圏。周辺で近郊農業。

日本の首都・東京には国会議事堂や中央官庁，最高裁判所などの国の中枢機能が集中しています。

最高裁判所
国会議事堂
中央官庁

社会

☾京浜工業地帯で**機械工業**・印刷業，京葉工業地域で**石油化学工業・鉄鋼業**。

京浜工業地帯は東京都・神奈川県・埼玉県，京葉工業地域は千葉県の東京湾岸に形成されていて，ほかに北関東工業地域も発達しているよ。

東京では
印刷業がさかん

雑誌

新聞

117

❤関東地方では，日本の 首都 ・ 東京 を中心に

東京大都市圏 が形

成され，人口が集中し

ています。周辺の県で

は，大都市向けに野

菜などを生産する 近郊

農業 がさかんです。

▲東京23区への通勤・通学者数

🌙 京浜工業地帯 では機械工業や 印刷業 ，

京葉工業地域 では石油化学工業や鉄鋼業がさ

かんです。北関東工業地域には電気機械や自動

車，食品な

どの工場が

多く進出して

います。

(2017年)（2020/21年版「日本国勢図会」)

▲京浜工業地帯と京葉工業地域の工業生産額
の割合

······ 😴 寝る前にもう一度 ······

❤首都・東京を中心に東京大都市圏。周辺で近郊農業。

🌙 京浜工業地帯で機械工業・印刷業，京葉工業地域で石油化
学工業・鉄鋼業。

★今夜おぼえること

✪三陸海岸にリアス海岸。夏に

やませが吹くと冷害が発生。

東北地方の太平洋側に
広がる三陸海岸の南部は，
海岸線が複雑に入り組ん
だリアス海岸となってい
るんだよ。

三陸海岸

☽東北地方は稲作がさかん。

三陸沖に潮境。青森のりんご，

山形のさくらんぼ。

　三陸海岸沖には，暖流の
黒潮と寒流の親潮が出合う
潮境（潮目）があるよ。三陸
海岸には良港が多くて，養
殖（業）も行われているよ。

親潮
（千島海流）

黒潮
（日本海流）

潮境

むつわん
陸奥湾

ほたて

こんぶ

三陸海岸

わかめ

せんだいわん
仙台湾

かき

社会

❤ 東北地方の太平洋側の三陸海岸南部は、海岸線が入り組んだ リアス海岸 になっています。

太平洋側は、夏に冷たい北東風の やませ が吹くと気温が下がり、稲などが育たなくなる 冷害 が起こることがあります。

▲やませと冷害の多いところ

● 東北地方は 稲作 がさかんで、日本の 穀倉地帯 となっています。三陸沖には 潮境（潮目） があり、よい漁場となっています。青森県では りんご、山形県では さくらんぼ の栽培がさかんです。

りんご
さくらんぼ

福島 3.4
山形 5.5
岩手 6.3
長野 18.8
計 76万t
青森 58.9%

その他

その他
山梨 6.0
計 1.8万t
山形 78.5%

(2018年)(2020/21年版『日本国勢図会』)

▲東北地方で栽培がさかんなくだものの生産量の都道府県別割合

💤 寝る前にもう一度

❤ 三陸海岸にリアス海岸。夏にやませが吹くと冷害が発生。
● 東北地方は稲作がさかん。三陸沖に潮境。青森のりんご、山形のさくらんぼ。

★今夜おぼえること

✪北海道には多くの国立公園。

自然を学ぶエコツーリズム。

世界遺産の知床
やオホーツク海の
流氷が観光客に人
気だよ。外国人観
光客も多いんだ。

流氷観光

知床

☾石狩平野で稲作，十勝平野

で畑作，根釧台地で酪農。

じゃがいも
その他
計226万t
北海道
77.1%

小麦
その他
佐賀 4.5
福岡 6.6
計104万t
北海道
65.4%

たまねぎ
その他
兵庫 8.3
佐賀 10.2
計116万t
北海道
62.1%

(2018年，小麦は2019年)(2020/21年版「日本国勢図会」)

▲北海道で栽培がさかんな農作物の生産量の都道府県別割合

✿北海道には雄大な自然が残り, 国立公園 に指定されている地域も多くあります。国内外 から観光客がやってきて, 自然環境を体験した り学んだりする エコツーリズム が広がっています。
(エコツアー)

❍北海道では石狩平野や上川盆地で 稲作, 十 勝平野で 畑作, 根釧台地で 酪農 がさかんです。 じゃがいもや小麦, たまねぎなど生産量全国一の 農作物がたくさんあります。

北見盆地
上川盆地
石狩平野
たまねぎ
米
乳牛
洞爺湖
メロン
てんさい
根釧台地
じゃがいも
十勝平野
有珠山

▲北海道の地形と主な農畜産物

😴 寝る前にもう一度

✿北海道には多くの国立公園。自然を学ぶエコツーリズム。
❍石狩平野で稲作, 十勝平野で畑作, 根釧台地で酪農。

★今夜おぼえること

🌠コロンブスによりアメリカ大陸への航路が開かれた。

　1492年，コロンブスはアジアを目指してアメリカ大陸付近の島に着いたんだ。

ここはインドのはず。

社会

🌙宣教師ザビエルは，日本にキリスト教を伝えた。

　フランシスコ＝ザビエルはイエズス会の宣教師で，インドや東南アジアで布教していたよ。

神はみなさんを救ってくださいます。

123

☪ 1492年，コロンブスは西回りでアジア航路を開こうとしてアメリカ大陸に近い島に着きました。その後，バスコ＝ダ＝ガマ，マゼランの船隊も新航路を開拓(かいたく)しました。

バスコ＝ダ＝ガマ　　マゼラン

インド航路
を開拓

一行が世界→
一周を果たす

🌙 ザビエル（フランシスコ＝ザビエル）は，キリスト教のカトリック教会の勢力を立て直そうとして海外布教を進め，1549年に来日してキリスト教を伝えました。

キリスト教伝来の前，1543年に鉄砲(てっぽう)が伝来したこともおぼえよう。

😴寝る前にもう一度

☪ コロンブスによりアメリカ大陸への航路が開かれた。

🌙 宣教師ザビエルは，日本にキリスト教を伝えた。

★今夜おぼえること

❀ 織田信長は楽市・楽座を行い，商工業をさかんにした。

市場の税を免除する。
座の特権も廃止するぞ。

自由に商売が
できるんだな。

社会

☽ 秀吉の政策〔ゴロ合わせ〕　けん（太閤検地）か（刀狩）の好きな豊臣秀吉。

　豊臣秀吉は太閤検
地と刀狩で土地と農
民を支配したよ。

刀狩

すべての武器を
差し出せ。

125

✿ 全国統一を目指した 織田信長 は、安土城下
で 楽市・楽座 によって誰でも自由に商工業を行
えるようにす
るなど新しい
政策を進め
ました。

信長の政治
・室町幕府を滅ぼした。
・新しい武器の鉄砲を合戦で活用。
・キリスト教を保護し、仏教勢力を
　押さえた。

☾ 豊臣秀吉は年貢を確実に徴収するため、 太閤
検地 で農民に年貢納入
の義務を負わせ、 刀狩
で農民の武器を取り上げ
て一揆を防ぎました。

刀狩令 (一部要約)
　諸国の百姓が刀やわ
きざし、弓、槍、鉄砲、
そのほかの武具などを
持つことは、固く禁止
する。

これらの政策によっ
て武士と百姓の身分
の区別がはっきりし、
兵農分離が進んだよ。

•••• 💤 寝る前にもう一度 ••••••••
✿ 織田信長は楽市・楽座を行い、商工業をさかんにした。
☾ 豊臣秀吉の政策は、「けん（太閤検地）か（刀狩）の好きな
　豊臣秀吉」。

126

★今夜おぼえること

✿江戸幕府は,大名統制のため 武家諸法度を定めた。

鎌倉時代に定められた御成敗式目(貞永式目)や江戸時代に定められた公事方御定書とまちがえないこと。

これに違反したら領地は没収じゃ。

武家諸法度

社会

☾江戸幕府は鎖国中,長崎でオランダと中国に限って貿易を行った。

オランダには長崎の出島で貿易を認める。

127

✿ 江戸幕府は, **参勤交代**など 大名 が守るべきことを示した 武家諸法度 を定めました。

武家諸法度（一部要約）

一、文武弓馬の道にはげむこと。

一、毎年4月中に江戸へ参勤せよ。

参勤交代

1年ごとに領国と江戸に交互に住むように。

大名

● 江戸幕府は, 1639年に**ポルトガル船**の来航を禁じ, 1641年には平戸の オランダ 商館を 長崎 の出島に移し**鎖国**を完成させました。鎖国下では, 中国のほか, ヨーロッパの オランダ と 長崎 で貿易を行いました。

・・・寝る前にもう一度・・・

✿ 江戸幕府は, 大名統制のため武家諸法度を定めた。

● 江戸幕府は鎖国中, 長崎でオランダと中国に限って貿易を行った。

★今夜おぼえること

✿元禄文化は上方（京都・大阪）中心に栄えた町人文化。

19世紀初めごろ江戸中心に栄えた化政文化と混同しないこと。

このころはわれわれ町人が成長したんだ。

社会

🌙 享保の改革 競歩（享保の改革）は9時（公事方御定書）に出発。

徳川吉宗による政治改革を享保の改革というよ。このとき公事方御定書が定められたんだ。

公正な裁判を行うための法令集じゃ。

公事方御定書

129

🌙17世紀末〜18世紀初め，京都・大阪の上方を中心に， 元禄文化 と呼ばれる町人文化が発達しました。

井原西鶴　　　近松門左衛門　　　松尾芭蕉

浮世草子(小説)　人形浄瑠璃の脚本　俳諧(俳句)

🌙徳川吉宗の 享保の改革 では 公事方御定書 という法令集が定められ，民衆の意見を聞くために目安箱が設けられました。

要望を投書しよう。

目安箱

- - - 😴寝る前にもう一度 - - -

★元禄文化は上方(京都・大阪)中心に栄えた町人文化。

🌙享保の改革の内容は，「競歩(享保の改革)は9時(公事方御定書)に出発」。

★今夜おぼえること

😊 **杉田玄白**は『**解体新書**』を
出版し，**蘭学発展**の基礎を
築いた。

『解体新書』はオ
ランダ語の人体解剖
書を翻訳した本だ
よ。　　　杉田玄白

西洋の医学書
は正確だ。

われわれで
翻訳しよう。

前野良沢

🌙 **老中の水野忠邦**は**天保の改革**
で**株仲間を解散**させた。

営業を
独占している
株仲間は解散！

大商人

水野忠邦

社会

131

✿18世紀後半，杉田玄白らはオランダ語の人体解剖書を翻訳し『解体新書』として出版しました。 このののち，オランダ語で西洋の学問を研究する蘭学がさかんになりました。

蘭学を学んで
もっと西洋のことを知ろう。

☽1841年，老中水野忠邦は，倹約をすすめたほか，物価を引き下げるため，株仲間を解散させるなどの天保の改革を始めました。しかし，人々の反発を受け，2年余りで失敗に終わりました。

幕政の改革を行った人物
享保の改革…徳川吉宗
寛政の改革…松平定信
天保の改革…水野忠邦

:⋯💤寝る前にもう一度
✿杉田玄白は『解体新書』を出版し，蘭学発展の基礎を築いた。
☽老中の水野忠邦は天保の改革で株仲間を解散させた。

★今夜おぼえること

✪1854年，江戸幕府はペリーと日米和親条約を結んだ。

開国を要求する！

ペリー

やむをえん。下田と函館の港を開こう。

幕府

☾1867年，徳川慶喜は大政奉還で政権を朝廷に返上した。

協力して幕府をたおそう。

薩摩藩　長州藩

政権を朝廷に返上する。

徳川慶喜

社会

133

❀1853年，アメリカの東インド艦隊司令長官 ペリー が来航して開国を要求。幕府はこれを受け入れ，翌年， 日米和親条約 を結び 下田 （静岡県）と 函館 （北海道）を開港しました。

1858年の日米修好通商条約とまちがえないようにね。

☽開国後，倒幕運動が高まる中で， 徳川慶喜 は 大政奉還 を行い，続いて，天皇中心の政治にもどすことを宣言した 王政復古の大号令 が出されて江戸幕府は滅びました。

歴史の流れ	
1866年	薩長同盟成立
1867年	↓
	大政奉還
	↓
	王政復古の大号令
	↓
	明治政府成立へ

💤寝る前にもう一度

❀1854年，江戸幕府はペリーと日米和親条約を結んだ。

☽1867年，徳川慶喜は大政奉還で政権を朝廷に返上した。

19. 歴史：明治維新

□　月　日
□　月　日

★今夜おぼえること

❀ 版籍奉還と廃藩置県で中央集権国家の基礎が確立した。

版籍奉還

政府

土地と人民
（版）　（籍）

藩主

廃藩置県

私が
治める。

政府が派遣した
府知事・県令

元の藩主

☾ 明治政府は財政を安定させるため、地租改正を行った。

江戸時代は

収穫物で
年貢を納めた

地租改正後は

現金で
地租を納めた

社会

135

😊明治政府は，1869年の 版籍奉還 に続いて 1871年に 廃藩置県 を行い，政府が全国を直接治める**中央集権国家**のしくみをつくりました。

▶版籍奉還…藩主に土地と人民を政府に返させた。
▶廃藩置県…藩を廃止して府・県を置き，府知事・県令（のちの県知事）を中央から派遣して治めさせた。

🌙1873年から 地租改正 が行われ，土地所有者に**地価の３％**を**現金**で納めさせることになって政府の収入が安定しました。

それまでは収穫高に応じて徴収していたけれど，現金で納めさせることで凶作のときでも安定した収入が得られるようになったよ。

😴寝る前にもう一度

😊版籍奉還と廃藩置県で中央集権国家の基礎が確立した。
🌙明治政府は財政を安定させるため，地租改正を行った。

★ 今夜おぼえること

✪ 板垣退助は国会開設を求め て自由民権運動を始めた。

板垣退助

民撰議院設立（の）建白書

国会を開いて国民を政治に参加させよ！

☾ 伊藤博文は大日本帝国憲法 の草案をつくった。

伊藤博文は初代の内閣総理大臣（首相）になったよ。

これで日本はアジアで最初の近代的な立憲制国家だ。

伊藤博文

社会

137

✨1874年, 板垣退助 らが **民撰議院設立（の）建白書** を出したことを きっかけに 自由民 権運動 が全国に広 がりました。

政党も結成された。

自由党

立憲改進党

板垣退助

大隈重信

🌙 大日本帝国憲法 は, 伊藤博文 らが **ドイ ツ（プロイセン）の憲法など** を学んで草案をつく リ, 1889年に発布されました。

伊藤博文

君主の権限が強いド イツの憲法は日本が 目指す政治に合って いるな。

💤寝る前にもう一度

✨板垣退助は国会開設を求めて自由民権運動を始めた。

🌙伊藤博文は大日本帝国憲法の草案をつくった。

★今夜おぼえること

☆☆ 日清戦争で日本は遼東半島（リアオトン）と多額の賠償金を得た。

　日清戦争は日本の勝利に終わり，下関（山口県）で講和条約（下関条約）が結ばれたよ。

賠償金を払っていただきたい。

社会

☽ 日露戦争の講和条約をポーツマス条約という。

　日清戦争と日露戦争の講和条約名をまちがえないようにしよう。

アメリカ

そろそろ講和したら？

ロシア

日本

❤ 1894年に起こった 日清戦争 で日本は勝利を
おさめ, 翌年の 下関条約 では台湾や 遼東半島
などの領土と賠
償金を得ました。

遼東半島は三国干
渉で返還したんだ。

日清戦争後の下
関条約で日本が
得た領土▶

遼東半島
(のち返還)

日本

朝鮮
(清は朝鮮の
独立を認める)

清

澎湖諸島
ポンフー

台湾

🌙 1904年に 日露戦争 が起こり, 翌年, アメリ
カの仲立ちにより, アメリカの ポーツマス で講和
条約 (ポーツマス条約) が結ばれました。この条
約で日本は 南樺太の領有 や 韓国での優越権 を
認められましたが, 賠償金は得られませんでした。

💤 寝る前にもう一度

❤ 日清戦争で日本は遼東半島と多額の賠償金を得た。

🌙 日露戦争の講和条約をポーツマス条約という。

★ 今夜おぼえること

 ゴロ合わせ 第一次世界大戦始まる

<u>行く人死（1914</u>
　１　９　１　４
年）んだ第一次世界大戦。

第一次世界大戦
は1914年に始ま
り，世界中を巻き
込んで多くの犠牲
者を出したよ。

社会

☾ 普通選挙法で満25歳以上
のすべての男子に選挙権。

1925年，日本の選挙
制度が変わり，選挙権
にそれまでの納税額に
よる制限がなくなった
んだ。

財産がなくても
選挙権を
もてるんだ！

★ 今夜のおさらい

✪ 1914 年，バルカン半島で起こったオーストリア皇位継承者夫妻暗殺事件をきっかけに，ドイツ中心の三国同盟とイギリス中心の三国協商（連合国）との間で 第一次世界大戦 が始まりました。

同盟国が敗れ，1919年に連合国とドイツがベルサイユ条約を結んだよ。

バルカン半島

☽ 1925年，納税額に関わりなく，満25歳以上のすべての 男子 に選挙権を与える 普通選挙法 が成立しました。これにより，全人口に占める有権者の割合は，約4倍に増えました。

女性にも選挙権が与えられるのは第二次世界大戦後よ。

💤 寝る前にもう一度

✪ 第一次世界大戦が始まった年は，「行く人死（1914年）んだ第一次世界大戦」。

☽ 普通選挙法で満25歳以上のすべての男子に選挙権。

★ 今夜おぼえること

ゴロ
合わせ

日中戦争
始まる

<u>いくさ長</u>（1937年）
にっちゅう　1　9　3　7

引く日中戦争。

1937年に始まった
日本と中国の全面戦
争は長く続いたんだ。

社
会

☽1945年，日本はポツダム宣

言を受け入れて降伏した。
こうふく

ポツダム宣言は，
連合国が日本の降伏
条件などを示した宣
言だよ。

やっと戦争が
終わった。

143

🌓 1937 年，盧溝橋事件をきっかけに，日中戦争が始まりました。戦争は長引き，日本は国民や物資を戦争目的で動員できる国家総動員法を定めるなど戦時体制を強めました。

年	1931	1937	1939	1941	1945
で き ご と	満州事変	日中戦争	第二次世界大戦	太平洋戦争	戦争が終わる

🌙 第二次世界大戦末期の 1945 年 7 月，連合国はポツダム宣言を発表しました。8 月に日本はこれを受け入れて降伏し，第二次世界大戦が終わりました。

☆ 漢詩は、一句（一行）に用いる字数と句（行）の数によって形式が分けられる。

● 絶句
　五言絶句…一句が五字で四句。
　七言絶句…一句が七字で四句。

● 律詩
　五言律詩…一句が五字で八句。
　七言律詩…一句が七字で八句。

漢詩は昔の中国の詩で、古くから日本にも伝わって、親しまれてきたよ。

😴 寝る前にもう一度

☆ 漢詩の主な形式は四つ。五言絶句と七言絶句。五言律詩と七言律詩。

🌙 押韻とは、同じ響きの字を句末に置くこと。対句とは、対応する二つの句を並べること。

🌙 押韻は、「韻を踏む」ともいう。

例
江碧鳥逾白
山青花欲然
今春看又過
何日是帰年

然 → ネン(nen)
年 → ネン(nen)

● 対句で並べる句は、語や構成がつり合ったもの。

例
山 ⇔ 江　地形
青 ⇔ 碧　色彩
花 ⇔ 鳥　生物
欲然 ⇔ 逾白　色彩

★ 今夜 おぼえること

🌸 漢詩の主な形式は四つ。

五言律詩と七言律詩。

五言絶句と七言絶句。

〈五言絶句〉

一句が五字

四句から成る

🌙 押韻とは、同じ響きの字を句末に置くこと。

対句とは、対応する二つの句を並べること。

〈押韻〉

五言絶句なら、
二・四句末が
押韻。

146

★☆

● **返り点** とは、漢文を日本語の語順で読むための符号で、漢字の左下に入る。

例 レ点 咲レク花。 訳 花が咲く。

例 一・二点 看二月 光一。訳 月光を看る。

● **送り仮名** は、片仮名で漢字の右下に入る。

例 子曰、ハク 訳 先生がおっしゃるには、

句読点も、送り仮名と同じく漢字の右下に入るよ。

☽

● **書き下し文** とは、漢文を漢字仮名交じり文に書き直したもののこと。

● 漢文に入れる **送り仮名** とは、日本語の助詞・助動詞・活用語の活用語尾を補うために入れる仮名のこと。

漢字の訓読みに入れる送り仮名とは、少し意味が違うんだね。

💤 寝る前にもう一度

❶ 漢文を読むには訓点（返り点・送り仮名・句読点）を入れる。

❷ 書き下し文では、送り仮名や助詞・助動詞に当たる「不」などは平仮名にする。

★ 今夜 おぼえること

☆☆ 漢文を読むためには

訓点（返り点・

送り仮名・句読点）

を入れる。

🌙 書き下し文では、

送り仮名や

助詞・助動詞に当たる

「不」などは

平仮名にする。

例

春_{しゅん}

眠_{みん}

不_ず レ

覚_エ レ

暁_{あかつきヲ} ○

送り仮名

返り点

句点

例

春　眠　不レ　覚レ　暁○ヲ
エ

◀

春眠暁を覚えず。

国語

★
- 「枕草子」は平安時代の清少納言が、宮廷生活での見聞や自然の様子を描く。

- 「枕草子」随筆。宮仕えしていた清少納言が、宮廷生活での見聞や自然の様子を描く。

- 「徒然草」は鎌倉時代の随筆。出家した兼好法師の無常観が反映されている。

- 「平家物語」は鎌倉時代の軍記物語。平家の栄華と衰退を描く。無常観が物語の基調となっている。

🌙
- 係りの助詞「ぞ・なむ・や・か」があると、文末は連体形になる。

例 いづれの山か天に近き。 連体形

状 どの山が、天に近いのか。

- 係りの助詞「こそ」があると文末は已然形になる。

例 秋こそ勝れ。 已然形

状 秋が優れている。

疑問・反語の意味の「や・か」は訳すけど、強調の意味の「ぞ・なむ・こそ」は、普通は訳さないんだって。

💤 寝る前にもう一度

😴 「枕草子」(清少納言)「徒然草」(兼好法師)は随筆。「平家物語」は軍記物語。

🌙 文中に係りの助詞「ぞ・なむ・や・か・こそ」が出てきたら、「係り結び」に注意。

★ 今夜おぼえること

★★「枕草子（清少納言）」

「徒然草（兼好法師）」は随筆。

「平家物語」は軍記物語。

☽ 文中に係りの助詞

「ぞ・なむ・や・か・こそ」が出てきたら、「係り結び」に注意。

* 係助詞ともいう。

何ごとかありけむ。

国語

150

✨
● 比喩には三種類ある。

① 直喩…「〜ような」などを使ってたとえる。
例 太陽のような笑顔。

② 隠喩…「〜ような」などを使わずにたとえる。
例 太陽の笑顔。

③ 擬人法…人ではないものを人に見立ててたとえる。
例 太陽がほほえむ。

🌙
● 季語 は、原則として一つの俳句に 一つ 入れるのがきまりである。

● 五・七・五 の定型や 季語 にとらわれない俳句を、自由律俳句という。

● 切れ字 は言い切る働きをし、感動や強調を表す。
助詞 「や・ぞ・かな・か」、
助動詞 「けり・なり・たり」
などがある。

💤
● 詩の主な表現技法は、比喩（たとえ）、反復（繰り返し）、倒置（語順の入れ替え）。

● 俳句は五・七・五の十七音の定型詩。季節を表す季語と、「や・かな」などの切れ字に注目。

〈寝る前にもう一度〉

151

国語

★ 今夜おぼえること

✿ 詩の主な**表現技法**は、

比喩（たとえ）、

反復（繰り返し）、

倒置（語順の入れ替え）。

比喩	炎のような熱意。
反復	始まる、始まる。
倒置	進もう、前へ。

🌙 俳句は五・七・五の

十七音の定型詩。

季節を表す季語と、

「や・かな」などの

切れ字に注目。

名月をとってくれろと
なく子かな　小林一茶

152

★★★

- 尊敬語は相手を敬う表現。

- 「おっしゃる」は、「言う・話す」の意味の尊敬語。

- 謙譲語は自分の動作をへりくだる表現。「申しあげる」は、「言う・話す」の意味の謙譲語。

- 丁寧語は「です・ます」を付けて、聞き手や読み手に敬意を表す表現。

☽

- 尊敬語には「お（ご）～になる」、謙譲語には「お（ご）～する」を使った表現もある。

  例 尊 ご注文になる
  謙 お持ちする

- 丁寧語には「ございます」を使った表現もある。

  例 こちらでございます。

「お客様」のように、接頭語や接尾語を付ける尊敬語もあるね。

💤 寝る前にもう一度

😊 先生がおっしゃる。先生に申しあげる。説明があります。

🌙😊 お客様がご注文になった商品をお渡しする。「こちらでございます。」

153

★ 今夜おぼえること

✿ 先生がおっしゃる。

先生に申しあげる。

説明があります。

おっしゃる

申しあげる

説明が
あります。

☾ お客様が

ご注文になった

商品をお渡(わた)しする。

こちらで
ございます。

国語

154

★★
● 格助詞は、主に体言（名詞）に付く。「が・の・を・に・へ・と・から・より・で・や」の十単語。

● 接続助詞は、主に活用する単語（用言や助動詞）に付く。

格助詞は、「鬼（を に）が戸（と）より出（で）空（から）の部屋（へ や）」と覚えるといいよ。

例 外は寒いが、平気だ。
　　　　用言　接続助詞

🌙
● 副助詞は、さまざまな単語に付く。複数の意味をもつものもある。
例 五分ばかり待つ。
意味 程度
遊んでばかりいる。
意味 限定

● 終助詞は、主に文末に付くが、文中の文節に付くこともある。
例 今ね、駅前にいるよ。

終助詞は会話の中でよく使われるね。

💤 寝る前にもう一度
★★ 格助詞は、下の語句との関係を示す。
接続助詞は、いろいろな関係で前後をつなぐ。
🌙 副助詞は、意味を添える。終助詞は、気持ちや態度などを示す。

★ 今夜おぼえること

✿ 格助詞は、下の語句との関係を示す。

接続助詞は、いろいろな関係で前後をつなぐ。

格助詞
接続助詞
のどが渇いたので、
格助詞
水を飲む。

☾ 副助詞は、意味を添える。

終助詞は、気持ちや態度などを示す。

来年こそ優勝したいね。
副助詞　　　　終助詞

156

★★ 助動詞は、用言（動詞・形容詞・形容動詞）や体言（名詞）、他の助動詞などに付く。

例 始めます。
　動詞
　意味 丁寧（ていねい）

近いらしい。
　形容詞
　意味 推定

見られた。
　助動詞
　意味 過去

「話しませんでした」のように、一文節の中で重ねて使うこともあるよ。

● 希望の意味の「たい・たがる」は、「たい」が自分自身の希望、「たがる」が自分以外の人の希望を表す。

例 映画が見たい。
　　　　自分自身

妹が見たがる。
　　　　自分以外の人

● 「ようだ・ようです」には、推定とたとえ（比喩（ひゆ））の意味がある。

例 雨が降るようだ。
　意味 推定

雨が滝（たき）のようだ。
　意味 たとえ（比喩）

22 寝る前にもう一度

★★ 助動詞には、「れる・られる」「らしい」「ます」などがある。

● 用法の異なる助動詞「たい・たがる」、複数の意味をもつ助動詞「ようだ・ようです」。

国語

★ 今夜おぼえること

✿ 助動詞には、

「れる・られる」

「らしい」「ます」

などがある。

食べられる
おいしいらしい
買います！

🌙 用法の異なる助動詞

「たい・たがる」、

複数の意味をもつ

助動詞「ようだ・

ようです」。

プリンセスの
ようだ
着たい！

158

☆☆

● 形容詞は、性質・状態を表す単語。

● 形容詞は、語幹に「し」の付くものと付かないものがある。

例 おいしい・美しい…「し」が付く
赤い・多い…「し」が付かない

「大きい・おかしい」は形容詞「大きな・おかしな」は連体詞。品詞を間違えないように注意しよう。

☽

● 形容動詞は性質・状態を表す単語。

● 「です」の型の形容動詞には、仮定形もない。

● 驚きや感動が込められたとき、語幹だけを用いた言い方をすることがある。

例 まあ、素敵。

「暖かい」は形容詞、「暖かだ」は形容動詞。形容詞と形容動詞は性質や働きがほぼ同じなので注意しよう。

寝る前にもう一度

☆☆ 形容詞は「い」で終わる。活用は一種類だけで、命令形はない。

☽ 形容動詞は「だ・です」で終わる。活用は二種類で、命令形はない。

159

★ 今夜おぼえること

✿ 形容詞は、「い」で終わる。活用は一種類だけで、命令形はない。

甘(あま)い
おいしい！
赤い
多い

☾ 形容動詞は、「だ・です」で終わる。活用は二種類で、命令形はない。

上手だ
有名です
好きです
素敵だ

☆☆

・上一段活用の動詞は活用語尾にイ段の音が、下一段活用の動詞は活用語尾にエ段の音が入る。

・他の活用の種類の動詞と見分ける場合、下に「ナイ」を付けて活用語尾がイ段の音になれば上一段活用、エ段の音になれば下一段活用。

例 起き(ki)ナイ 食べ(be)ナイ

☽

・カ行変格活用(カ変)は、カ行の音で変則的に活用する。「来る」のみ。

・サ行変格活用(サ変)は、サ行の音で変則的に活用する。「する」と「～する(ずる)」という形の複合動詞がある。

サ変の未然形は、「ナイ・ヌ・ズ・レル」に続くよ。

☽ 寝る前にもう一度

☆ 動詞の活用の種類のうち、イ段とエ段で活用するのは、上一段活用・下一段活用。

☽ 動詞の活用の種類のうち、変則的に活用するのは、カ行変格活用(カ変)・サ行変格活用(サ変)。

★ 今夜おぼえること

✿ 動詞の活用の種類の

うち、**イ段とエ段で**

活用するのは、

上一段活用（かみ）・

下一段活用（しも）。

起きる

着る

食べる

混ぜる

🌙 動詞の活用の種類の

うち、**変則的**に活用

するのは、

カ行変格活用（カ変）・

サ行変格活用（サ変）。

来る

挨拶する（あいさつ）

☆☆

● 連体形 とは、主に体言に続く形。

例 行くトキ

● 仮定形 とは、「もし〜ならば」と仮定する形。

例 行けバ

● 命令形 とは、命令して言い切り、文を終える形。

例 行け。

命令形は、用言の中で動詞にはあるけど、形容詞・形容動詞にはないんだって。

● 動詞は 動作・変化・存在 を表す単語。

● 五段活用の動詞は、活用語尾がア・イ・ウ・エ・オの 五段 にわたって変化する。

● 他の活用の種類の動詞と見分ける場合、下に「ナイ」を付けて活用語尾が ア 段の音になれば五段活用。

例 行か（ka）ナイ

Zzz

● 活用形は六つ。④連体形、⑤仮定形、⑥命令形。

● 動詞の活用の種類のうち、ア・イ・ウ・エ・オで活用するのは、五段活用。

寝る前にもう一度

★ 今夜おぼえること

✿ 活用形は六つ。

④ 連用形、

⑤ 仮定形、

⑥ 命令形。

※①②③は166ページ。

未然形
終止形
仮定形
連体形
命令形

🌙 動詞の活用の種類のうち、ア・イ・ウ・エ・オで活用するのは、五段活用。

行く

遊ぶ

入る

国語

164

☆☆ 活用する単語は、自立語では動詞・形容詞・形容動詞の三つ、付属語では助動詞のみである。

例 校庭を走る。（動詞）
新しい駅。（形容詞）
外は静かだ。（形容動詞） 寒いらしい。（助動詞）

「見る」「着る」「寝る」「出る」のように、語幹と活用語尾の区別がない動詞もあるよ。

🌙 未然形とは、「ナイ・ウ・ヨウ」などに続く形。
例 走らナイ・走ろウ

● 連用形とは、「マス・タ」などに続く形。
例 走リマス・走っタ

● 終止形とは、言い切って文を終える形。
例 走る。

未然形の「未然」とは、「まだそうなっていない」という意味なんだって。

22 寝る前にもう一度

☆ 活用とは単語の形が変化すること。形が変化しない部分が語幹、変化する部分が活用語尾。

🌙 活用形は六つ。①未然形、②連用形、③終止形。

国語

★ 今夜おぼえること

✿ 活用とは単語の **形が** **変化** すること。

形が変化しない部分が語幹、変化する部分が活用語尾（ご び）。

〔語幹〕〔活用語尾〕
走らナイ・走りマス・走る。・
走るトキ・走れバ・走れ。

☽ 活用形は六つ。

① 未然形、
② 連用形、
③ 終止形。

※④⑤⑥は164ページ。

編集協力：上保匡代，有限会社オフサイド，鈴木瑞穂，木村紳一，野口光伸

表紙・本文デザイン：山本光徳
本文イラスト：山本光徳，斉藤明子，株式会社アート工房，さとうさなえ，森永みぐ，まつながみか
DTP：株式会社明昌堂　データ管理コード：22-1772-0534（CC19）
図版：木村図芸社，株式会社明昌堂

※赤フィルターの材質は「PET」です。

◆この本は下記のように環境に配慮して製作しました。
・製版フィルムを使用しないCTP方式で印刷しました。
・環境に配慮して作られた紙を使用しています。

寝る前5分 暗記ブック 中2 改訂版